Harald-Alexander Korp

Lachen mit Buddha

Harald-Alexander Korp

Lachen mit Buddha

Anleitung für mehr Humor & Lebensfreude

HERDER

FREIBURG · BASEL · WIEN

MIX
Papier aus verantwortungsvollen Quellen
FSC® C083411

www.herder.de

Satz: Daniel Förster, Belgern
Herstellung: CPI books GmbH, Leck

Printed in Germany

ISBN 978-3-451-32996-8

Inhalt

Vorspiel: Muhh!

»Und was ist mit dem Raum
zwischen Humor und Ernsthaftigkeit?
Was geschieht da?
Können Sie mir das sagen?«

Chögyam Trungpa

Eine Stunde kann verdammt lang sein. Ich verharre im Lotussitz, meine Oberschenkel brennen wie Feuer und meine Füße zeigen deutliche Symptome, abzusterben. Ich nicke immer wieder ein und habe das Gefühl, es keine Minute länger auszuhalten. Warum meditieren alle besser als ich? Warum sitzen alle in absoluter Stille? Warum bin ich überhaupt auf diesem *Vipassana*-Retreat? Einatmen – ausatmen. Achtsamkeit auf den Atem, Achtsamkeit auf die körperlichen Empfindungen. Falls man noch welche hat. Gedanken kommen und gehen lassen. Es ist der zweite Tag. Immerhin.

Noch acht Tage liegen vor mir. Ich sitze in der Meditationshalle eines buddhistischen Meditationszentrums, das sich in die liebliche Landschaft Brandenburgs schmiegt, und leiste mit etwa dreißig anderen Medis meditative Schwerstarbeit. Aber ich will es ja so. Zehn Tage meditieren, schweigen in Achtsamkeit, um inneren und äußeren Frieden zu finden.

Jetzt noch etwa vierzig Minuten, gefühlt sind es viertausend. Ich spiele mit dem Gedanken, mein Bein einen Zentimeter zu verschieben. Aber ich fürchte, einen Lärm zu verursachen, als übertrage ein Verstärker jedes Knistern – alle würden aufschrecken und mich anstarren. Wenigstens mal auf die Uhr schauen? So, dass es keiner merkt. Nur kurz drauflinsen. Nein, sagt die Stimme in mir, du wirst doch wohl in der Lage sein, ruhig sitzenzubleiben und eine Stunde ohne Uhr auszukommen. Schließlich ist Achtsamkeits-Meditation nichts Neues für dich. Danach kommt die Geh-Meditation und wird dich erlösen. Doch mein Rücken meldet sich: Wann bewegen wir uns endlich? Nun knurrt und rumpelt auch noch mein Magen. Peinlich! Fehlt nur noch, dass ich aufs Klo muss. Ich will durchhalten! Ich schaffe das. Was ist noch buddhistischer als ein Buddhist? Ein schwäbischer Buddhist, der wie ich, ein Protestant, alles korrekt abliefern will. Erleuchtung ist nun mal Arbeit. Da bekommt man nichts geschenkt.

Plötzlich ertönt ein seltsames Geräusch. Muhh! Ja, es klingt wie eine Kuh. Es muss eine Kuh sein. Nein, es sind mehrere Kühe. Muhh! Hier im Raum dürfte keine sein. Aber auf der Weide neben dem Zentrum vergnügt sich wohl gerade eine Herde schwarz-weißes Milchvieh. Ich muss grinsen. Ja, ich muss sogar lachen – leise natürlich. Ich denke an die Zen-Buddhisten, die »Mu (ohne »h«)« Mantra artig wiederholen, um damit auszudrücken: »Weiß nicht«, und die Leerheit zu erforschen, die allem zugrunde liegt.

Ich fühle Unruhe im Raum. Wie schön! Ich wage es, die Augen zu öffnen. Die Sonne blendet. Einige andere gucken ebenfalls aus dem Fenster. Keine Kuh zu erkennen. Auch unser Lehrer, ein sehr gewissenhafter und ernster Mann, hat mittlerweile die Augen geöffnet, hebt die Mundwinkel etwa einskommafünf Millimeter und spricht: »Kühe kommen, Kühe gehen.« Wir lachen. Ich nutze die Gelegenheit, um die Sitzposition zu wechseln, kurz Beine und Füße massieren. Was für eine Wohltat.

In meiner Vorstellung sehe ich, wie ich gerade noch mit verbissenem Gesicht da saß, Schweiß auf der Stirn, mit kribbelnden Beinen, rauchendem Kopf. Wie ich verbissen versuchte, loszulassen. Das ist wirklich komisch. Im doppelten Sinne der Bedeutung: komisch im Sinne von seltsam und von lustig. Und diese Betrachtung entspricht ja ganz der buddhistischen Methode, den inneren Zeugen zu aktivieren, sich also selbst zu beobachten – und sich nicht ganz so ernst zu nehmen. Es ist eine Humormethode, sich in angespannten Situationen das Charakteristische daran maßlos übertrieben vorzustellen. Ich sehe mich und die Kühe. Der buddhistische Aspirant kurz vor der Explosion, die Kühe glücklich Gras kauend und vor sich hin muhend. Irgendwas muss sie aufgeregt haben, aber nun ist wieder Stille. Vielleicht meditieren die Kühe auch? Vielleicht tiefer als ich? Ich stelle mir Kühe im Lotussitz vor. Kurz vor der Erleuchtung. Oder bereits erleuchtet? Kühe kommen, Kühe gehen. Während ich so denke, lösen sich die Gedanken langsam auf, ich nehme meinen Atem wahr, versinke in tiefe Meditation und halte aus. Bling. Die Klangschale vibriert. Die Stunde ist um. Kuh sei Dank!

Es werden noch viele Sitzungen folgen.

Möge mir der Humor erhalten bleiben!

Jetzt ist erstmal achtsames Gehen angesagt, hoffentlich an den Kühen vorbei. Vielleicht kann ich mir was abgucken.

Dieses Erlebnis ist schon eine ganze Weile her. Mittlerweile leite ich Übungen zu Meditation und Humor, am liebsten kombiniert. *Vipassana-*, also Achtsamkeits-Meditation, ist für mich seit vielen Jahren meine buddhistische Heimat, eine sanfte und doch wirkungsvolle Methode, um das Gewahrsein zu üben, die Wahrnehmung von dem, was gerade geschieht. Dies hilft mir, stärker im gegenwärtigen Moment zu ruhen. Lachen und Freude, Schmerz und Leid begleiten mich fast täglich, sei es bei der Arbeit als Sterbebegleiter im Hospiz oder beim Umgang mit einem chronischen Schmerzsyndrom in Muskeln und Gelenken. So versuche ich, etwas mehr Frieden mit eigenen Schmerzen und denen der anderen zu schließen, mit dem, was Buddha *Dukkha* nannte, das Leid als eine Grundbedingung des Daseins und ein untrennbarer Bestandteil der menschlichen Erfahrung. Die Verbissenheit ereilt mich dabei immer wieder. Gut, wenn mir dann »Mu« und »Muh« einfallen. Es hilft mir, zu entspannen und zu grinsen.

1.
Einleitung

»Das Leben hat nur einen Sinn:
den Humor des Menschen zu testen!«

Klaus Lutz

Lachen ist gesund und Humor ist, wenn man trotzdem lacht. Aber stimmt das wirklich? Und was hat das mit Buddhismus zu tun? Bei meiner Beschäftigung mit dem Lachen in den Religionen bin ich auf einen Humor gestoßen, den ich als spezifisch buddhistisch bezeichne. Mehr noch, der *Dharma*, wie Buddha selbst seine Lehre nannte (wörtlich übersetzt: das, was trägt und was nährt), führt zwangsläufig zu mehr Humor und Lebensfreude, lässt uns lächeln und lachen. Wer die buddhistische Haltung lebt beziehungsweise leben will, erkennt schnell, dass umgekehrt Humor und Lachen auch den buddhistischen Weg erleichtern. Hinzu kommt die wissenschaftlich belegte Erkenntnis: Der Sinn für Humor ist kein exklusives Talent, das uns in die Wiege gelegt wird. Er verändert sich ein Leben lang und lässt sich wie andere Sinne entwickeln – oder er verkümmert. Aus dem Wort Sinn spricht für mich die Bedeutung Lebenssinn, etwas, das zu einer humorvollen Haltung gegenüber der Welt und damit zu einem erfüllten Leben beiträgt: Humor zu injizieren, wie es Moshe Cohen, Clown und Humortrainer (auch für verbissene Buddhisten), ausdrückt.

Aber warum sollten Sie Ihren Sinn für Humor trainieren, warum lohnt sich das? Darauf gibt es viele Antworten. Eine lautet: Weil Sinn für Humor zur seelischen und körperlichen Entlastung führt.

In diesem Buch möchte ich ein Methodenrepertoire vorstellen, das wie geschaffen ist, dem Sinn für Humor und dem Genießen der Freude auf die Sprünge zu helfen und beide zu verfeinern. Nach buddhistischer Vorstellung kultivieren Einsicht und meditative Übungen den Geist, sodass die Fähigkeit wächst, das Leben aus einer originellen Perspektive zu betrachten. Damit erscheinen auch Leid und Schmerz in einem anderen Licht, können leichter angenommen werden, was zu Heiterkeit, gepaart mit Gelassenheit, führt.

Lachen tut gut, wirkt als laute Kurzmeditation und katapultiert uns vom Grübeln in den Moment. Lachen macht

Spaß, weckt das Spielerische und erfrischt Körper und Geist. Lachen kann Konzepte über den Haufen schmeißen und wehtun. Auch das gehört zum buddhistischen Humor.

Buddha wies darauf hin, wie förderlich es sei, Freude zu erleben, denn sie sei Ausdruck der tiefen inneren Wahrheit, dass in jedem fühlenden Wesen die Buddha-Natur, das Potenzial zur Befreiung, angelegt ist. Buddha ermutigt den Menschen, sich ein Leben lang darin zu üben, Gedanken und Gefühle bewusst wahrzunehmen. Warum? Um die Identifikation und damit das Anhaften zu lösen, sich nicht von ihnen mitreißen zu lassen, sondern durch Betrachtung zu erkennen, dass Gedanken und Gefühle entstehen und vergehen. Die Wahrnehmung, beispielsweise in der Meditation, gibt Ihnen zunächst eine Ahnung davon, was mit Ihnen, Ihrem Geist und Körper geschieht. Humor sorgt dafür, bei diesem Geist-Training Leichtigkeit und das Spielerische zu bewahren und sich – hoffentlich – nicht in Dogmatismus zu verlieren. Denn, und hier werden mir manche Buddhisten vermutlich widersprechen, die Buddha-Natur ist ebenfalls eine Idee, über die Sie sich amüsieren dürfen.

Buddhas freudvolles Lächeln kündet von heiterem Gleichmut. Darum geht es sowohl im Buddhismus als auch in den Sphären des Humors: um Gelassenheit, um das Finden eines inneren Friedens. Buddha lehrte, wie wichtig es sei, den Geist sowie das Denken und Fühlen zu beobachten. Allerdings sei es unzureichend, den Geist nur zu erforschen und zu studieren; es sei ratsam, ihn zu trainieren – so wie den Humor. Ein gut trainierter, humorvoller Geist ist kein Spielball mehr von Wünschen, Abneigungen, Ablenkungen und Täuschungen. Stattdessen entwickelt sich Achtsamkeit, das heißt, eine besondere Aufmerksamkeit auf das Hier und Jetzt, ein Gewahrsein aller Erfahrungen, freud- und schmerzvolle, ohne zu bewerten. Deshalb wird Buddhismus gerne als Wissenschaft vom Geist bezeichnet.

Die Übung der Achtsamkeit ist ursprünglich mit Weisheit und Liebe kombiniert. Der US-amerikanische Molekularbiologe Jon Kabat-Zinn hat auf der Basis der buddhistischen *Vipassana*-Meditation das MBSR-Programm (*Mindfulness-Based Stress Reduction*) entwickelt. Mittlerweile mutieren diese Übungen zum Wellness-Trend, der die ursprüngliche Intention verfälscht. Der Gefühlshaushalt gestresster Menschen soll optimiert werden und die Leistungsfähigkeit gesteigert. Dies muss möglichst rasant geschehen, sozusagen McMindfulness. Das US-amerikanische Militär entwickelte Achtsamkeits-Programme, um die Leistungsfähigkeit der Soldaten im Kampfeinsatz zu verbessern. Dabei gehen Weisheit und die Ethik des Nichtverletzens verloren. Buddha wies darauf hin, dass ein friedvoller Geist nicht im Eiltempo zu erlangen ist. Achtsamkeit ist auch ein ethisches Konzept, bedarf der Geduld und eines lebenslangen Übens mit Höhen und Tiefen.

Zu beobachten und nachzuspüren, erschafft eine Distanz und somit einen Raum zwischen dem Wollen und der Verbissenheit, in den der Humor zurückfinden kann. Und oft sorgt ein verblüffendes Ereignis dafür, dass sich solch eine Lücke auftut, etwa das Muh einer Kuh. Etwas Komisches animiert spontan innezuhalten, durchzuatmen, eine neue Sichtweise einzunehmen. Aus so einem Geistesblitz entsteht ein Airbag aus Achtsamkeit. Allerdings muss man es zulassen wollen und können.

Wie buddhistische Einsichten, Übungen, Geschichten und natürlich Witze uns dabei unterstützen, davon handelt dieses Buch. Seine These lautet, es gibt einen eigenen buddhistischen Humor, also einen Humor, der aus Philosophie und Übungen erwächst – und Humor und Lachen fördern wiederum den buddhistischen Weg. Mit Übungen für Mitgefühl, Achtsamkeit und Dankbarkeit entdeckt, entwickelt und trainiert man den Sinn für Humor. So entstehen auf dem buddhistischen Pfad tiefgreifende Erfahrungen der Freude. Unter Umständen sogar ein großes Erleuchtungslachen durch die Erkenntnis, dass alles ein großer Witz ist, wenn ich meine, alles sehr ernst nehmen zu müssen. Kapitel für Kapitel erhalten Sie Anregungen und Hinweise,

- wie Sie Humor und Lachen bei sich aufspüren und trainieren,
- wie Sie eine heitere Gemütsverfassung entwickeln und behalten,
- wie der buddhistische Weg Sie in dieser Haltung unterstützt,
- wie Sie gemeinsam mit anderen lachen und sich freuen können.

Sie ahnen es, man muss sich und die Welt wahrnehmen, um Humor zum Einsatz zu bringen und Lustiges zu erkennen. Denn buddhistische Komik speist sich aus den Schwierigkeiten, die uns bei der Suche nach Gelassenheit und innerem Frieden dazwischenkommen – und die können sehr witzig sein und die Menschen miteinander verbinden. Wandern Sie also durch die Seiten und lassen Sie sich von Buddha, von heutigen Vertretern seiner Lehre und meiner Wenigkeit zu Humor und Lebensfreude inspirieren. Dafür müssen Sie weder Buddhist sein noch werden – hinderlich ist es aber nicht.

Ob die Thesen zum spezifisch buddhistischen Humor zutreffen, entscheiden Sie am Ende des Buches. Falls nicht, so hoffe ich, lernen Sie trotzdem Ihren Sinn für Humor kennen und bekommen Lust, ihn auszubauen. Denn Sie erfahren, was alles in Ihnen steckt und darauf wartet, als Quelle von Humor und Lebensfreude zu sprudeln. Auf jeden Fall entwickeln Sie eine Vorstellung, warum eine humorvolle Haltung Sie zur Erlösung und Erleuchtung befördert und welche hervorragenden Mittel die buddhistische Lehre bereithält, um Gelassenheit und damit Humor zu finden.

Erste kleine Humorübung

Halten Sie doch mal inne!

Legen Sie das Buch weg und fragen Sie sich: Was sehe ich gerade (außer meinem Buch)?

Nehmen Sie einen tiefen Atemzug. Vielleicht sitzen Sie zu Hause: Was entdecke ich? Welche Dinge? Welche Farben? Welche Formen?

Schon diese kleine Übung ist eine große Herausforderung und wir werden sie auf den folgenden Seiten erweitern. Vielleicht empfinden Sie diese Übung anfangs als ein Abbremsen, lästig und hemmend. Das ist normal. Aber bestimmt werden Sie feststellen, dass Sie plötzlich Dinge sehen, die Ihnen vorher entgangen sind. Sie erleben, was Ihre Sinne Ihnen alles zu bieten haben. Wenn Sie es denn mitbekommen. Und dass Sie sich vielleicht ein bisschen – oder sogar sehr – darüber freuen können, was es noch alles zu sehen gibt ... Aber was hat das mit Humor zu tun? Wir werden sehen ...

2.

Humor – eine Frage der Haltung

»Humor ist das Immunsystem des Geistes.«

Erhard Blanck

Ich habe mich entschieden, meinen 50. Geburtstag gebührend zu feiern und zwar mit einer Party im indischen Bodhgaya unter dem Bodhi-Baum, in dessen kühlenden Schatten Buddha die Erleuchtung erlangte. Freundlich habe ich mich eingeladen und fliege nun mit mir nach Delhi, plane von dort aus über Vārānasi, den Ganges entlang ins nordöstlich gelegene Bodhgaya zu reisen. Ich freue mich darauf, mit dem Auto, die Hand lässig auf dem Steuer, durch Indien zu gondeln. Doch schon nach wenigen Stunden, die ich als Fußgänger zubringe, verloren im Chaos indischer Straßen, darf ich das als Illusion abhaken. Glücklicherweise bietet man mir an, einen günstigen Trip mit einem Chauffeur von Vārānasi nach Bodhgaya zu buchen. Dass es vielleicht besser gewesen wäre, den Zug zu nehmen, erkenne ich erst, als der indische Fahrer mit mir mal links, mal rechts, mal auf Kollisionskurs mit entgegen kommenden Trucks auf den staubigen Straßen dahinrast. Der junge Pilot scheint den Ehrgeiz zu haben, mit seinem kleinen Wagen einen neuen Landesrekord aufzustellen, verscheucht mit lautem Hupen Autos, Radfahrer, Fußgänger und Kühe. Wir passieren verbeulte, ausgebrannte Autowracks am Straßenrand. Ich versuche auszublenden, dass Indien mit seinen Unfalltoten Weltmeister ist – natürlich vergeblich. Lachend und stolz wie Oskar bremst mein Pilot am frühen Abend vor dem buddhistischen Heiligtum in Bodhgaya.

Schweißgebadet, zitternd und glücklich, die achtstündige Fahrt überlebt zu haben, stehe ich vor dem Ort, der für mich bisher ein Mythos war. Zunächst erledige ich Profanes: Ticket kaufen, Gepäck und Schuhe deponieren. Auf Strümpfen und Zehenspitzen schleiche ich über den von der Sonne aufgeheizten Marmorboden. Vor mir, inmitten einer Gartenanlage, erhebt sich der Tempel, eine schlanke Pyramide aus rauchfarbenem Stein. Es zieht mich durch das Grün, hin zu einer goldenen Buddha-Statue, die seit Jahrhunderten in einem von Kerzenflammen verrußten Raum thront. Mit einer buddhistischen Verneigung grüße ich sie, umrunde dann das Bauwerk und da ist er: der Bodhi-Baum – das Ziel meiner Träume.

Von Buddhas Erleuchtungserlebnis unter diesem Baum habe ich so viel gelesen und kann es kaum fassen, nun wirklich hier zu sein. Und das pünktlich zu meinem Geburtstag! Die Party kann beginnen. Eine niedrige Mauer und ein kleines Gitter sichern den Stamm des Baumes. Die Äste voll saftig grüner Blätter biegen sich wie ein schützendes Dach über den polierten Marmorboden. Eigentlich ist es ein gewöhnlicher Feigenbaum, aber die langen Äste breiten sich wie Arme aus, heißen mich willkommen und finden meine Bewunderung. Unter ihnen, im Schatten, singen, beten, meditieren Mönche und Nonnen.

Zufrieden sinke ich in einer Ecke auf den Marmorboden nieder. Durchatmen. Ruhe. Frieden! In mir steigt tiefe Freude auf, das Gefühl, angekommen zu sein. Hier, genau hier, soll Buddha den letzten Kampf mit Mara, dem teuflischen Versucher, ausgefochten, die Erleuchtung erlangt und – gelächelt haben. So die Legende. Wahnsinn! Ob das wirklich der Baum ist, unter dem Buddha vor 2500 Jahren saß? Im Reiseführer habe ich von Zweifeln gelesen: Niemand wisse das, bestenfalls sei der Baum ein Ableger, der neu gepflanzt wurde. Egal, ich will an diesem heiligen Ort endlich meine Geburtstags-Meditation beginnen, schließe die Augen.

Meine Ohren melden eine Schar japanischer Touristen samt Führer. Sie eilt heran, unüberhörbar tuschelnd. Ich öffne die Augen. Neben den Japanern balgen sich Jugendliche um herabschwebende, heilige Blätter, um sie, wie ich später erfahre, teuer zu verkaufen. Touristen fotografieren den Bodhi-Baum aus allen erdenklichen Perspektiven. So kann man einfach nicht meditieren!

Mir bleibt nur die Flucht in den Garten, der den Tempel umschließt. Kleine Buddha-Statuen und Stupas stehen friedlich zwischen Büschen und Bäumchen. Ich lasse mich im Gras dieser Oase der Ruhe nieder.

Plötzlich taucht ein kleiner, brauner Hund auf, zerzaustes Fell, bedrohlich knurrend. Der Schreck fährt mir blitzartig in den Magen. Bloß nicht von einem tollwütigen Hund beißen lassen. Unter Umständen hilft da keine Impfung, hat man mich im Tropeninstitut gewarnt.

Vorsichtig erhebe ich mich und schleiche auf Zehenspitzen zurück in Richtung Bodhi-Baum. Das Tier folgt mir. Zu meiner Angst gesellt sich Ärger: Ich bin doch nicht achttausend Kilometer gereist, um an meinem Geburtstag vor einem Hund zu türmen. Ich will an diesem heiligen Ort die tiefste Meditation meines Lebens erleben. Plötzlich dreht das Tier ab, trabt zu dem Mäuerchen, hebt das Bein und pinkelt gegen die Steine, die den heiligen Baum umgeben. Niemand scheint das zu bemerken oder sich gar daran zu stören. »Na klar, Hund, Baum. Es ist sein Baum!« Ich muss lachen, selbstverständlich leise.

Offensichtlich zufrieden trottet der Zottelpelz von dannen. Seine Sichtweise ist höchstwahrscheinlich eine andere als die der Pilger und Meditierenden. Damit erinnert mich das Tier daran, dass ich eine ganz andere Perspektive einnehmen könnte. Meine Panik resultierte aus dem Festhalten an der Projektion: Hund, Tollwut, Biss, Vergiftung, Exitus. Diese Angst trennte mich von jedem Humor. Ein wunderbarer Anlass, mich an die Kuh zu erinnern. Hunde und Kühe kommen, Hunde und Kühe gehen. So finde ich Entspannung und freue mich, nicht von dem gleichen Bedürfnis wie der Hund geplagt zu werden. Wer weiß, ob es hier Toiletten gibt.

Hätte Buddha sich über einen Hund amüsiert, der an seinen Baum der Erleuchtung pinkelt? Ich glaube, es könnte ihm gefallen haben, beweist er doch in seinen Lehrreden Humor und rät, uns nicht in Abhängigkeit von Reliquien, Symbolen, Texten oder Meistern zu begeben. Ja, er sieht das Anhaften an Ritualen als mögliches Hindernis auf dem Weg zur Erleuchtung. Letztlich ist alles ein Konzept, auch der Bodhi-Baum. Selbst der Buddhismus, Buddha und ich sind Konstruktionen des Geistes, denn all das entspringt einer Vorstellung.

Ich entdecke ein ruhiges Plätzchen, finde endlich in eine halbwegs tiefe Meditation und fühle ein breites Lächeln auf meinen Lippen. Ich versuche, meinen Atem wahrzunehmen und mir meiner Gefühle bewusst zu werden. *Happy birthday!*

Bitte buddhistisch

»Das Weinen ist den Menschen angeboren –
aber Lachen will gelernt sein.«

Peter Frankenfeld

In diesem Buch soll es darum gehen, den Sinn für Humor auf buddhistische Art und Weise zu entwickeln. Das führt zu den Fragen: Was ist überhaupt Humor? Kann ich Humor lernen? Und was ist mit buddhistischem Humor gemeint?

Häufig wird von einem jüdischen Humor gesprochen, der sich durch seine lange Tradition, besondere geistige Brillanz und Selbstironie auszeichnet. Sigmund Freud bezeichnet ihn als Waffe des Wehrlosen, der statt mit körperlicher Gewalt mit geistiger Schärfe auf Repressionen reagiert. Der jüdische Humor entspringt tief empfundenem Leid, der Tragik des Lebens und der Erfahrung, dass Lachen und Freude darüber hinweghelfen können. Dahinter steckt die Haltung, die Welt nicht nur bitter, sondern immer wieder von einer komischen, sprich lustigen Seite betrachten zu können – und zu wollen.

Analog dazu spreche ich hier von einem buddhistischen Humor, der meiner Ansicht nach zwar innerhalb des Buddhismus keinen solchen Stellenwert besitzt wie der Humor im Judentum, aber eine eigene Brillanz entwickelt. Er entspinnt sich aus dem Aufeinanderprallen zwischen unserer

Vorstellung der Welt und etwas, das als das Unvergängliche angesehen wird. Daraus ergibt sich eine spezifische Eigenart des buddhistischen Humors, denn Witze und komische Situationen kreisen immer wieder um diesen Gegensatz zwischen Illusion und, wie es Buddhisten nennen, der wahren Natur der Phänomene. Daraus resultieren Widersprüche, und die sind oft schmerzhaft, aber auch – saukomisch. Kommt Humor ins Spiel, können die Dinge aus der Vogelperspektive betrachtet werden, aus einer heilsamen Distanz, da man emotional weniger involviert und im eigenen Erleben gefangen ist. Denn wie ist die Welt wirklich? »Mu(h)«. Man darf behaupten, sowohl die buddhistische Lehre, der *Dharma*, als auch der Humor erwachsen aus Schmerz und zeigen dem leidenden Menschen einen Ausweg auf. Humor, nicht nur der vom Buddhismus inspirierte, ist eine bestimmte Haltung, die Welt zu sehen, mit all ihren Widersprüchen, die sehr lustig sein können.

Als ich wieder einmal einen Schub hatte und wegen nahezu unerträglicher Rückenschmerzen beim Schmerztherapeuten vorsprach, betrachtete dieser meine Wirbelsäule und schüttelte besorgt den Kopf: »Also an Ihrer Haltung müssen Sie arbeiten!« Andernfalls, so führte er weiter aus, drohten mir Haltungsschäden, die unter Umständen nicht mehr in den Griff zu kriegen seien, und verschrieb mir Opiate und krankengymnastische Übungen. Er wusste gar nicht, wie Recht er hatte. Neben regelmäßigen Rücken- und Achtsamkeitsübungen sind für mich Humorübungen dringend nötig, und dies wohl ein Leben lang.

Sicherlich gibt es Menschen, die von klein auf über eine gesündere Haltung, sprich einen ausgeprägten Sinn für Humor verfügen. Das hat mit Elternhaus, Bildung und Umfeld zu tun. Und mit den Temperamenten, die Aristoteles unterschied: Melancholiker, Sanguiniker, Choleriker, Phlegmatiker. Aus heutiger Warte ist die Entstehung von Charaktereigenschaften natürlich komplizierter, doch trägt der Mensch von all diesen Eigenschaften etwas in sich. Derjenige, bei dem die Melancholie überwiegt, wird sich schwerer tun, der Welt Lustiges abzugewinnen, als der Sanguiniker, der als Genussmensch besondere Antennen für das Erfreuliche hat. Für den Melancholiker bleibt es unter Umständen ein Leben lang eine Herausforderung, die Widersprüche der Welt als komisch zu interpretieren. Interessanterweise sind viele Humoristen trotzdem eher melancholisch – sie erschaffen Humor, der aus dem Leid erwächst. Daraus kann sich ein feiner, leiser Humor entwickeln. Humor bedeutet keinesfalls, scherzend und feixend durch die Welt zu torkeln und nichts mehr ernst zu nehmen. Er ist vielmehr die Haltung, dem Leid etwas Leichtes abzugewinnen und für einen Moment das anzunehmen, was geschieht. Das kann mit innerem Lächeln oder brüllendem Lachanfall geschehen.

Allerdings ist es kein Zuckerschlecken, was Wilhelm Busch so formulierte: »Es ist leicht, das Leben schwer zu nehmen. Und schwer, das Leben leicht zu nehmen.«

Immer wieder höre ich bei meinen Seminaren, Humor und Lachen seien keinesfalls trainierbar. Warum? Weil Humor einem entweder in die Wiege gelegt sei oder eben nicht. Sicherlich fällt es manchen Menschen leichter als anderen, die Welt aus einer humorvollen Perspektive zu betrachten. Doch die Psychologie zeigt, alle haben die Fähigkeit zu lachen und können den Sinn für Humor einüben. Man geht davon aus, dass in jedem Menschen das Lachen und der Sinn für Humor angelegt sind. Das lässt sich bei Kleinkindern studieren, die trotz Tränen und Schmerz zielsicher zur Lebensfreude zurückfinden. Das Lachen des Säuglings ist allerdings nicht mit dem Sprachwitz eines Jugendlichen und Erwachsenen gleichzusetzen, denn es fehlt das Vermögen der verbalen Sprache. Der Sinn für Humor hat viele Facetten, entwickelt und verändert sich ein Leben lang. Es gibt Kinder, die durch ihre schweren Bedingungen das Lachen verlernt haben. Doch wie beispielsweise die Organisation »Clowns ohne Grenzen« zeigt, kehren sogar schwer traumatisierte Kinder aus Kriegsgebieten spontan zu Lachen und Freude zurück, wenn sie gefördert werden. Klinikclowns bringen das Lachen ans Krankenbett, zu Kindern, die schmerzhafte Behandlungen aushalten oder ihr eigenes Sterben verstehen müssen – und zu ihren Eltern, die den schwersten Verlust ihres Lebens erleiden. In solchen Situationen zeigt sich, mitfühlender Humor, aber auch Herumalbern sind zutiefst humane Errungenschaften, die Schmerz lindern und Menschen miteinander verbinden. Erwachsene verlieren häufig den Zugang zur Freude, können aber Lachen wieder entdecken, das tief aus dem Leid erwachsen und dem Schicksal abgerungen ist.

Der Sinn für Humor kann sich im Alter stark verändern. Im Hospiz erlebe ich, wie Menschen mit Demenz oder einem Gehirntumor beginnen, ganz neue Zusammenhänge zu kreieren, die traurig, aber auch lustig sein können.

Mittlerweile existieren Programme, um in Gruppen oder alleine Lachen und Humor zu trainieren. Ein Weg ist Lach-Yoga, bei dem Lachen zunächst wie eine Übung praktiziert wird, um dann in ein freudvolles Lachen überzugehen. Dabei kann es passieren, dass man keine souveräne Erscheinung abgibt, sondern albern wie ein Kind wird, dem die Spucke aus dem Mund läuft. Man kann sich dabei ziemlich lächerlich vorkommen, sich schämen und unwohl fühlen, doch wer das aushält, trainiert zugleich den Sinn für Humor.

Das in diesem Buch vorgestellte spezielle Humortraining befasst sich mit der Verbindung von Humor und dem *Dharma*, also einem Urgrund des Humors, der sich aus buddhistischen Einsichten und Übungen speist, insbesondere aus Erfahrungen wie Nicht-Ich, Vergänglichkeit, Mitfreude und Mitgefühl. Sie werden bei der Lektüre eine Ahnung entwickeln, welches immense Humorpotenzial auf Sie wartet, in Ihnen und in der Welt.

Voraussetzung für den Erfolg ist jedoch: Sie müssen es ausprobieren. Am Anfang braucht es eine Motivation, um sich auf ein Humortraining einzulassen. Wie bei vielen erlernbaren Fertigkeiten, ob Sport, Sprachen, Entspannung, das Spielen eines Instruments, muss ich die »Kunst« ausüben wollen. Analog einer Dehnübung für den Körper wird der Geist gedehnt, um entspannter auf die Welt reagieren zu können. Die Muskeln des Körpers bescheren Ihnen ein kraftvolles Lacherlebnis, der Geist bietet »Humormuskeln«, um die Welt spielerischer zu interpretieren, so dass die Seele es leichter vermag, Verbindung mit sich und anderen aufzunehmen.

Wie soll das gehen? Wahrscheinlich haben Sie die Erfahrung gemacht, wie wunderbar gute Vorsätze sind – solange andere sie haben. Mit dem Rauchen aufhören, abnehmen, gesund essen, glücklich sein etc. Wie die positive Psychologie zeigt, besteht die erfolgreiche Umsetzung eines Vorhabens aus kleinen Schritten. Da Sie dieses Buch in den Händen halten, ist davon auszugehen, Sie haben die Motivation, Ihren Sinn für Humor zu entwickeln. Das ist ein guter Anfang, doch Sie vermuten sicher schon, dass es noch ein bisschen mehr braucht.

Fließen lernen

»Der Mensch befindet sich in einem Zustand
des komischen Widerspruchs
zur Ordnung des Universums.«

Peter L. Berger

Würde ich einem altehrwürdigen Zen-Meister in einem japanischen Kloster der Kyoto-Tradition in den Wäldern am Nordhang des Fujiyama vor anderen Mönchen eine Frage stellen, könnte sich folgendes Gespräch ergeben:

»Meister, was ist Humor?«

Nach einem Jahr würde der Zen-Meister antworten: »Der Tropfen, der auf eine Nussschale fällt.«

Tief beeindruckt würde ich nach zwei Jahren erwidern: »Danke, Meister.«

Daraufhin nach drei Jahren ein anderer Mönch: »Bei diesem Gequatsche kann keiner meditieren.«

Haben Sie sanft gelächelt? Wenn ja, haben Sie einen Widerspruch ausgemacht und ihn als komisch empfunden. Wenn nicht, hat die Pointe Sie nicht belustigt. Der Sinn für Humor variiert zwischen Menschen, außerdem bei uns selbst je nach Tagesform.

Humor zu trainieren, bedeutet, eine humorvolle Haltung zu entfalten. Einfach gesagt, Humor ist etwas, das Sie erheitert, weil es irgendwie lustig ist. Und das sind Sie selbst. Nicht, dass Sie selbst immer lustig wären. Nein, ich oder in diesem Fall Sie, also wir, erkennen und konstruieren etwas, das lustig ist. Eine Kamera, die das Gespräch aufzeichnen würde, fände das kaum lustig. Die Fähigkeit, etwas lustig zu machen, verrät den Sinn für Humor. Darin liegt der Unterschied zum Lachen. Humor ist ein geistiger Prozess, Lachen das, was der Körper daraus macht. Der mentale Prozess liegt darin, in einem Ereignis eine Ungereimtheit auszumachen, die als lustig interpretiert wird – wir finden und erfinden etwas Komisches. Der Ausgangspunkt kann traurig oder schmerzhaft sein, aber manchmal schaffen es Menschen (nach neuesten Forschungsergebnissen zudem Affenarten wie Schimpansen und Orang-Utan), daraus etwas Heiteres zu machen, das zur Erleichterung der Seele und zu Freude führt. Aber der Sinn für Humor ist sehr unterschiedlich und zuweilen unangenehm.

Oft kann und soll ein Witz nämlich wehtun oder sogar der Freude den Garaus machen. Selbst Schadenfreude und Spott sind Teil des Humors im Buddhismus. Ein drastischer Witz kann Sie aufwecken und ist so etwas wie eine Dehnübung Ihrer Humormuskeln:

Ein Mann kam zu einem Zen-Meister und fragte: »Was ist wichtiger, die Vergangenheit, die Gegenwart oder die Zukunft?«

Der Meister trat zu dem Mann hin, schlug ihn, setzte sich wieder und fragte: »Was ist nun schlimmer: Mich kommen zu sehen oder der Schmerz oder die Erinnerung daran?«

Der Mann war sprachlos und ging.

Hier wird jede Hoffnung auf eine eindeutige Antwort enttäuscht. Auch das ist Erwachen, aber auf die unsanfte Tour. Das Leben ist eben kein Ponyhof – sondern *Dukkha*, leidbehaftet.

Wenn mir auf einem schmalen Bürgersteig ein Zeitgenosse entgegenkommt, partout keinen Platz machen will und ich gezwungen bin, auszuweichen, so fühle ich einen Zornimpuls blitzartig emporsteigen. Was tun? Den Impuls wahrnehmen und mir bewusst machen. So verliert er an Kraft, und ich sehe schnell ein, wie komisch es ist, mich so aufzuregen – und vermag zu lächeln, mich sogar ein bisschen zu freuen, in so einem eleganten Schwung ausweichen zu können, ohne auf die Nase zu fallen.

»Manchmal sitze ich auf meinem Meditationskissen und fange an zu lachen, weil ich eine Einsicht, die ich eigentlich sehr gut finde, plötzlich als eingeschränkt erkenne. Dann sitze ich auf meinem Kissen und lache, mitten in der Meditation. Einsicht weckt Humor.«

Sylvia Wetzel

Der Begriff »Humor« dürfte Buddha geläufig gewesen sein. Auf Sanskrit, dem Alt-Indischen, wird Humor mit *vihāsa* bezeichnet: etwas, das jemanden zum Lachen bringt. In der westlichen Welt leitet sich Humor von dem lateinischen Wort *umor*, Feuchtigkeit, ab. In der antiken Medizin bezeichneten *umores* die Körpersäfte gelbe Galle, schwarze Galle, Blut und Schweiß. Man meinte, wenn diese in einem harmonischen Verhältnis zueinander stünden und flössen, dann befände sich der Mensch in einer heiteren Gemütsverfassung. Man kann also sagen, mit Humor kann etwas zum Fließen gebracht werden, wenn der Abfluss verstopft ist. Humorvolle Menschen sind so etwas wie Installateure für die Seele. Sie sorgen mit dem Lachen für den Abfluss gestauter Gefühle.

Und was wird zum Fließen gebracht?

Gast: »Herr Kellner, die Suppe schmeckt komisch!«
Kellner: »Warum lachen Sie dann nicht?«

Komisch kann komisch sein. Loriot meinte, alles, was scheitere, sei komisch. Und ich glaube, er meinte damit: lustig. Eine steile These, denn ständig läuft etwas schief. Aber ist es immer komisch? Und wenn nein, warum doch? Die deutsche Sprache drückt diese Doppeldeutigkeit aus: Komisch im Sinne von befremdlich, beängstigend – und komisch im Sinne von lustig. Diese beiden Bedeutungen sind kein Zufall, denn was Angst macht, sich dann aber in Wohlgefallen auflöst, kann uns zum Lachen bringen. Denken und Fühlen kommen in Bewegung, werden also zum Fließen gebracht.

Damit etwas schiefläuft, braucht es zunächst einmal eine Erwartung, wie es so richtig super laufen soll. Das ist die einfachste Übung der Welt. Nicht nur Buddha beobachtete, dass wir geradezu vor Fantasien platzen, wie die Welt zu sein habe. Natürlich gefällt mir, wenn ich im Supermarkt die kürzeste Schlange erwische, die Kassiererin mich hocherfreut begrüßt, geduldig mein Kleingeld zählt, mich höflich verabschiedet und mir einen wunderschönen Tag, eine wunderschöne Woche und ein glückliches Leben wünscht. Ist denn das wirklich zu viel verlangt? Und wenn es ausbleibt, bekomme ich richtig schlechte Laune – komisch.

Komik speist sich meinen Erwartungen – wenn sie ins Leere laufen. Eine Voraussetzung für Humor, den buddhistischen und jeglichen anderen, ist die Fähigkeit, eine solche Ungereimtheit, die aus meiner Erwartung resultiert, zu erkennen und diese als komisch, im Sinne von lustig, interpretieren zu können. Diese tolle Fähigkeit zu fördern, schärft den Sinn für Humor und hilft, eine humorvolle Haltung zu bewahren.

Und wie wir wissen, ist die Welt voller Widersprüche. Als mein Internet seinen Geist aufgibt, rufe ich empört die Störungsstelle der Telekom an, worauf mir eine Bandansage mit freundlichem Ton mitteilt: »Bitte gehen Sie auf unsere Internetseite und melden dort Ihre Störung der Internetverbindung.« Kein Witz! Oder doch? Das war zunächst nicht lustig, sondern frustrierend, ich war kurz davor, zu explodieren. Aber dann empfand ich die von der Telekom empfohlene Hilfe wiederum so absurd, musste grinsen und versuchte, mir die Vorteile auszumalen: Endlich keine Mails und Freundschaftsanfragen bekommen; Zeitung aus echtem Papier ohne Scroll- und Wisch-Funktion lesen; auf *copy and paste* verzichten und Liebesbriefe mit der Hand schreiben; Falk-Landkarten auseinanderfalten; lange Spaziergänge unternehmen, um ausgefüllte Überweisungsformular in einer echten Bank abgeben. Super! Absurd bedeutet, meine Erwartung läuft ins Leere, etwas geschieht, das ich mir nie vorgestellt hätte und ich bekomme dadurch den Schubs, einen lustigen Perspektivenwechsel zu vollziehen.

Der Philosoph Henri Bergson erkannte, dass eine Ungereimtheit, die zum Lachen bringt, aus der Diskrepanz zwischen dem trägen Körper und einer ungebundenen Lebenskraft, *élan vital*, resultiert.

Klassisches Beispiel wäre ein buddhistischer Meister, der würdevoll im Lotussitz verharrt, einen tiefsinnigen *Dharma*-Vortrag hält und einen Schluckauf bekommt. Der Geist will hoch hinaus, der Körper bremst ihn aus. Das kann der Betrachter als komisch empfinden und lachen. Allerdings fragt man sich womöglich, ob man weinen oder lachen soll. Je mehr der Meister versuchen würde, den Schluckauf zu ignorieren, umso komischer würde das Geschehen anmuten. Würde er es thematisieren, es als erste der vier Erleuchtungsstufen erkennen und selbst darüber lachen, wäre das Publikum bestimmt erfreut. Vielleicht würden seine Anhänger ebenfalls einen Schluckauf bekommen wollen, um ihrem Guru nachzueifern. Gelänge das, könnten sich alle gemeinsam an einer Schluckauf-Meditation erfreuen.

Humortraining ist also ein Wahrnehmungstraining, das darauf zielt, mit dem Sinn für Humor Widersprüche zu entdecken und sie als lustig zu interpretieren.

Wie ist mein Sinn für Humor? (Teil 1)

Kommen Sie sich doch mal auf die Schliche, genauer gesagt, dem, was Sie lustig finden und was nicht. Sigmund Freud bat seine Patienten, ihm einen Witz oder eine komische Begebenheit zu erzählen. Daraus zog er Schlüsse über mögliche verdrängte Themen und einen Weg der Heilung. Nehmen Sie sich also etwas Zeit, Papier und einen Stift und beantworten Sie einige der folgenden Fragen. Ich empfehle, lieber etwas länger bei einzelnen Fragen zu verweilen, als alle beantworten zu wollen. Sie werden sehen, es ist gar nicht so leicht, vielleicht sogar schmerzhaft. Aber es lohnt sich, da Sie Dinge über sich erfahren, die verschüttet waren. Die Übung lässt sich auch gut zu zweit machen.

Humor-Biografie:

- Welche Rolle spielte Humor in meiner Familie? Worüber lachte meine Mutter, mein Vater, meine Oma, mein Opa, meine Schwester, mein Bruder? In welchen Situationen haben sie gelacht? Wie beeinflusst das meinen heutigen Sinn für Humor?
- Worüber habe ich im Kindergarten gelacht? Welche Witze fand ich gut? In der Grundschule, Schule? In der Pubertät? (Wie finde ich die Witze heute?)
- Habe ich mich gerne über jemanden lustig gemacht? Wie habe ich mich dabei gefühlt? Hat sich jemand über mich lustig gemacht?
- Welche Spiele haben mir Spaß gemacht?

Wenn ich bei einem Humor-Workshop diese Übung anbiete, reagieren die einen erfreut, andere mit purer Entrüstung: Ihr Humor ginge niemanden etwas an.

Ablehnung spürte ich beispielsweise bei einem Teilnehmer, Andreas, einem Mann Ende dreißig, der von sich behauptete, keinen Humor zu besitzen. Bei den Workshops führen zwei Teilnehmer gemeinsam oben stehende Übung durch, um sich gegenseitig zu befragen. Viele beginnen dabei, herzhaft zu lachen. Darunter war zu meinem Erstaunen auch Andreas. Im Anschluss berichtete er mir, so eine Übung liege eigentlich weit unter seinem Niveau. Zu seinem Erstaunen habe er jedoch entdeckt, wie oft er als Junge über die blödesten Witze und Situation gelacht, dies aber völlig vergessen habe. Darüber freue er sich. Aber schmerzvoll sei für ihn gewesen, dass er sich bei seinen Eltern an wenig Lachen und Humor habe erinnern können. Und dass ihm heute Verbitterung eine humorvolle Haltung erschwere. So vermittelten ihm die Fragen die Erfahrung, wie aufbauend es ist, das kindliche Lachen wiederzuentdecken.

Humor ist Kultur

»Wenn du den Humor einer Kultur verstehst, verstehst du die Leute besser.«

17. Karmapa, Thaye Dorje

Warum können Sie über den einen Gegensatz lachen und ein anderer lässt Sie kalt? Witze wachsen in einer bestimmten Kultur. Kultur ist der Humus des Humors, obwohl Humor letztlich die grundlegende menschliche Ressource ist, auf Schmerz mit einem Lachen zu reagieren. Henri Bergson beobachtete, dass man sich über einen Widerspruch nur dann zu amüsieren vermag, wenn man nicht unter ihm leidet. Leiden kann vieles bedeuten: Ich empfinde etwas als geschmacklos, beleidigend, verletzend etc.

In einem Zoo in Peking dürfen die Besucher kleine Küken erwerben und die putzigen Tierchen den gefräßigen Krokodilen ins Maul werfen. Die Zoobesucher amüsieren sich dabei köstlich. Worüber können die Gäste hier lachen? Und zeugt das von Humor? Ein Merkmal für die körperliche Trägheit ist das Phänomen der Wiederholung. Komik baut häufig darauf auf, dass sich etwas wiederholt. Das hilflose Flattern der Küken und ihr Überlebensdrang mögen für manchen Betrachter einen lustigen Widerspruch im Gegensatz zum gnadenlosen Zuschnappen eines Krokodils darstellen. Doch werden Sie wahrscheinlich, so wie ich, das Beispiel alles andere als erheiternd finden. Das Schicksal des verängstigten Hühnchens berührt. Doch eben nicht jeden. Chinesische Zoobesucher lachen vermutlich, weil für sie unvorstellbar ist, die Küken könnten Schmerzen empfinden und leiden wie sie selbst.

Vielleicht werden Sie einwenden, solches Lachen über den Schmerz habe nichts mit Humor zu tun. Doch das Leid der Küken bleibt eben außerhalb der Wahrnehmung der Lachenden. So entsteht der spezielle Sinn für Humor eines Zoobesuchers, der in der Kultur Chinas aufgewachsen ist. Empfinde ich etwas nicht als lustig, sondern als leidvoll, obwohl es andere zum Lachen bringt, deutet das darauf hin, dass ich mich identifiziere; im gerade genannten Beispiel mit dem Schicksal der Küken. Mit dieser Anteilnahme verliere ich meine Distanz, entwickle Mitgefühl mit den Tieren und kann über deren Leid nicht lachen. Darin liegt ein Grund, warum der Sinn für Humor so unterschiedlich ausgeprägt ist. Über etwas zu lachen setzt Abstand voraus, mit jemand zu lachen sorgt für Nähe und Verbindung.

Bei meinen Seminaren erlebe ich, wie Witze sowohl Lachen als auch blankes Entsetzen hervorrufen. Beispielsweise der:

Arzt zum Patienten: »Ich muss Ihnen leider mitteilen: Sie haben Krebs und Alzheimer.«

Darauf der Patient: »Na, Gott sei Dank kein Krebs.«

Ich finde das lustig, weil für mich der Witz so schön absurd ist, also einen starken Widerspruch in sich trägt. Ich erwarte vom Patienten eine betroffene Reaktion, er reagiert unerwartet und doch im Sinne seiner Krankheit logisch, allerdings auf besonders pointierte Weise. Deshalb findet bei mir im Moment keine Identifikation, kein Anhaften an seinem Schicksal statt. Außerdem weiß ich aus meiner Arbeit im Hospiz und durch das Sterben meiner Eltern, weder Krebs noch Alzheimer sind nur schlimm. Andere Zuhörer sagen »geht gar nicht«, empfinden diesen Witz als geschmack- und würdelos, reagieren empört, weil ich mich über das Leid eines Menschen lustig mache. Was ich keinesfalls tue. Doch ist ihre Reaktion verständlich, denn vielleicht sind sie mit einer Krebs- oder

Alzheimerdiagnose eines nahestehenden Menschen konfrontiert oder haben selbst große Angst davor. Und wer weiß, ob ich den Witz noch lustig fände, wenn bei mir selbst oder gar bei meinem Kind unheilbarer Krebs diagnostiziert würde.

Umgekehrt empfinde ich manche Witze als geschmacklos, etwa den:

»Sag mal, hast du nach 10 Jahren Ehe auch kaum noch Sex mit deiner Frau?«

»Wenn meine Frau nicht mit offenem Mund schlafen würde, dann hätte ich gar keinen Sex mehr!«

Dieser Witz ist für mich sexistisch und Frauen herabwürdigend. Bin ich deshalb humorlos? Für manche Zeitgenossen schon. Mein Humor ist eben nicht immer gleichzeitig der Humor der anderen, heißt, wenn ich etwas nicht lustig finde, kann ich nicht verlangen, dass niemand darüber lachen darf. Und umgekehrt. Deshalb muss ich trotzdem nicht bei allen Witzen mitlachen.

Warum aber finden wir einen Widerspruch überhaupt als komisch im Sinne von lustig? Sigmund Freud sah den Grund in einem Hochgefühl, das uns erfreut. Als ich in Bodhgaya vor dem Hund türmte, empfand ich einen Widerspruch, diesen allerdings keinesfalls lustig, denn ich hatte Angst, der Hund könnte mich beißen. Als der Hund dann an den heiligen Baum pinkelte und befriedigt davon trottete, nahm ich abermals einen Widerspruch wahr, dieses Mal einen, der mich belustigte. Meine Anspannung löste sich. Energie wurde frei, ein Wohlgefühl entstand, das Belohnungszentrum im Gehirn feuerte Dopamin und Serotonin, ich wollte lachen.

Sigmund Freud wies zudem darauf hin, Humor sei mit einem Traum vergleichbar. Beide speisen sich aus Tabus und damit aus verdrängten Gefühlen. Einen heiligen Baum anzupinkeln ist ein Tabu: So geht man keinesfalls mit einem Heiligtum um! Auch nicht als Hund! Ist dieser Glaubenssatz nicht an sich schon komisch? Irgendwann erkannte ich, dass der Baum für einen Hund wohl kaum heilig sein kann. Mir wurden meine eigenen Projektionen hinsichtlich Hund und Baum bewusst. Und Buddhas Aussage kam mir in den Sinn, dass es kontraproduktiv sei, Heiligtümer als absolute Wahrheit anzubeten. Solche Prozesse laufen blitzschnell ab, meistens ohne dass sie uns bewusst werden. Am Ende steht ein verblüfftes Lachen.

Jemand anderes hätte vielleicht die gleiche Beobachtung gemacht und die Situation überhaupt nicht als lustig empfunden. Er hätte den Hund wütend verscheucht; oder ihn ganz ignoriert und kaum verstanden, warum ich grinse. Nicht nur Schönheit, auch Humor liegt im Auge des Betrachters.

Worüber wir lachen, was wir als komisch empfinden, hängt also von zahlreichen Umständen ab: Kultur, Elternhaus, Werte, Bildung, persönlicher Stimmung, körperlicher Verfassung etc. Selbst so scheinbar banale Dinge wie Ihr momentaner Blutzuckerstand, ob Sie hungrig sind oder schlechte Laune haben, beeinflussen den Sinn für das Komische.

»Warum haben Ostfriesen Messer dabei?«
»Damit sie in See stechen können.«

Die meisten Witze sind Insiderwitze, die nur von einer gewissen Gruppe mit speziellem Vorwissen verstanden werden. Schweizer werden kaum über Ostfriesenwitze lachen und Ostfriesen nicht über Berner Witze. Doch beiden liegt ein ähnliches Schema zugrunde: Kleingruppen innerhalb einer Gemeinschaft werden als blöd eingestuft und man macht sich über ihre Dummheit lustig. Damit werden Aggressionen weggelacht und diejenigen, die gemeinsam über Dritte lachen, fühlen sich verbunden.

Die Verbundenheit ist oft mit Selbstironie verbunden: Der Lacher ahnt, dass er manchmal genauso beschränkt ist wie der Klischee-Ostfriese im Witz. Er betrachtet seine eigenen Schwächen und lacht auch ein bisschen über sich. Auf diese Weise kann sogar Empathie mit dem Opfer entstehen – manche Dummheit macht eine (Rand-)Gruppe sympathisch.

Vielleicht haben Sie schon mal zu jemandem gesagt: Du verstehst keinen Spaß. »Verstehen« kann dann eine doppelte Bedeutung haben. Wenn jemand keinen Spaß versteht, findet er etwas nicht lustig. Meistens, weil er verstimmt ist und nicht lachen will oder unter einem Witz leidet, obwohl er den komischen Widerspruch durchaus versteht. Vielleicht entgeht ihm aber der Clou der Situation und er sieht deshalb keine Veranlassung, zu lachen. Das Verstehen von Widersprüchen hängt von der mentalen und veränderlichen Verfassung des Adressaten ab. Ein Kleinkind findet andere Widersprüche lustig als ein Jugendlicher. Ein Erwachsener versteht Widersprüche, die einem Mensch mit Demenzerkrankung entgehen. Und umgekehrt, denn der Demente entdeckt lustige Widersprüche, die der »Gesunde« nicht versteht.

Geistige Akrobatik

»Es ist für mich äußerst hilfreich,
ein Ereignis aus verschiedenen Perspektiven zu betrachten.
Sehr hilfreich.«

Dalai Lama

Ein indischer König, ein Raja, lässt blind geborene Männer versammeln, damit sie einen Elefanten untersuchen. Nachdem die Blinden den Elefanten befühlt haben, fragt der Raja:

»Ihr habt einen Elefanten getastet, ihr Blinden?«

»So ist es, Majestät. Wir haben einen Elefanten getastet.«

»Nun sagt mir, ihr Blinden: Was ist denn ein Elefant?«

Jeder der Blinden gibt nun eine Antwort:

»Ein Elefant ist ein riesiges weiches Blatt«, sagt der erste und berührt dabei ein Ohr.

»Der Elefant ist wie eine Stange an einer Pflugschar«, sagt der zweite und berührt dabei einen Stoßzahn.

»Der Elefant ist eine Säule«, sagt der dritte und berührt dabei ein Bein.

»Der Elefant ist eine Bürste«, sagt der vierte und berührt die Schwanzspitze.

Die Männer beginnen sich heftig zu streiten und hauen sogar aufeinander ein. Jeder will Recht behalten – und der Raja ist erheitert.

Diese Parabel ist in vielen Kulturen bekannt. Vielleicht lächelte auch Buddha, als er sie erzählte, und erklärte: »Da disputieren, streiten sie, als Menschen, die nur Teile seh'n.«

Die eingeschränkten Erkenntnismöglichkeiten der Blinden und ihre folglich unzulänglichen Beobachtungen zeigen plakativ, wie Menschen sich ihre Urteile bilden. Die Übertreibung reizt zum Lachen. Dass die Blinden aufeinander losgehen, weil jeder seinen Ausschnitt für das Ganze hält, ist komisch. Und menschlich, allzu menschlich. Ich erkenne mich selbst darin, wie ich von einer Sache total überzeugt bin und unter allen Umständen Recht behalten will, und finde das lustig.

Nur einen Ausschnitt zu sehen ist nützlich und gehört unter anderem zu unserem Repertoire, auf Gefahren zu reagieren. Wenn ein Tiger oder ein Auto auf Sie zurast, dürfte es kontraproduktiv sein, das Ereignis in Ruhe zu kontemplieren und von verschiedenen Standpunkten aus zu betrachten. Die Verhaltenspsychologie zeigt, ein Mensch reagiert in so einer Schrecksekunde auf drei Arten: weglaufen, zurückschlagen, erstarren. Vor einem auf Sie zubrausendes Auto ergreifen Sie lieber die Flucht. Sie können aber auch verharren, mit den Händen fuchteln und hoffen, der Fahrer bremst.

So ein Notprogramm läuft ebenfalls in anderen Situationen ab. Drängelt sich im Supermarkt ein hochnäsiger Typ vor, werden Sie kaum erschreckt türmen oder erstarren. Vielleicht reagieren Sie aber mit Wut und wollen den Störenfried zurechtweisen. Wird daraus Zorn, der sich mit Gewalt gegen den anderen wendet, kann die Situation eskalieren.

Aber es gibt noch eine weitere Option, eine Situation oder einen Gegenstand zu betrachten.

»Alles hat drei Seiten. Eine positive, eine negative. Und eine komische.«

Karl Valentin

Damit sind wir bei der eigentlichen Leistung, die Sie mit einer humorvollen Haltung vollbringen: Einen Perspektivenwechsel zu schaffen, der zu einer Erheiterung führt. Der bayerische Humorist und Philosoph Karl Valentin sah in der Komik etwas Drittes, jenseits von Gut und Böse. Komik stammt für ihn sozusagen aus einer anderen Welt.

Ähnliches hat der amerikanische Religionssoziologe Peter L. Berger entdeckt; für ihn ist das Komische ein Signal des Göttlichen. Wer die Wahrnehmung des Komischen einübt, lernt, es zuzulassen und wertzuschätzen, anstatt es abzuwehren. Darin zeige sich eine Parallele zur Spiritualität. Beiden liegt die Erfahrung eines ganz anderen zugrunde. Christian Morgenstern beschreibt Humor als die Betrachtungsweise des Endlichen vom Unendlichen aus. Man betrachtet also den Alltag aus der Distanz eines universalen Standpunkts.

In buddhistischer Terminologie ließe sich damit die These aufstellen, dass das Komische und mit ihm der Humor etwas ist, das von *Shunyata* jenseits von *Samsara* kündet. *Samsara,* wörtlich übersetzt »beständiges wandern«, bezeichnet den immerwährenden Zyklus von Werden und Vergehen und damit den Kreislauf der Wiedergeburten. *Samsara* ist schön, bunt, unterhaltsam, freudvoll, aber auch schmerz- und leidvoll, denn die Triebkräfte sind Gier, Hass und Verblendung. *Shunyata* wird mit Leerheit übersetzt und steht für eine Wirklichkeit jenseits von *Samsara*, die dem menschlichen Denken verborgen bleiben muss, weil sie nicht beschreibbar ist. Es ist etwas Drittes jenseits der Dualität von Positiv und Negativ, in etwa so:

Frage: »Wie viele Buddhisten braucht man, um eine Glühbirne zu wechseln?«

Antwort: »Drei. Einen, der sie herausschraubt. Einen, der sie einschraubt, und einen, der sie weder ein- noch herausschraubt.«

Buddha wies darauf hin, Befreiung sei weder aushandelbar noch ganz allein mit dem Willen zu erreichen. Vielmehr soll das Wollen zur Ruhe kommen, damit Öffnung und Empfangen Raum haben. In der Übung der Achtsamkeit lässt sich diese Beruhigung von Gedanken und Gefühlen durch das Eintauchen in den Moment erleben. Jon Kabat-Zinn, der basierend auf der buddhistischen Achtsamkeitspraxis sein achtwöchiges Trainingsprogramm entworfen hat, definierte die Unterscheidung zwischen Doing- und Being-Mode. Im Doing-Mode geht es um Tatkraft; Sie entschließen sich beispielsweise, zu meditieren. Im Being-Mode geht es um das Sein; Sie nehmen einfach nur wahr, was geschieht, ohne etwas zu beurteilen oder erreichen zu wollen. Analog ist das verblüffte Lachen Ausdruck des Loslassens und Zulassens, also des Being-Modes. Spiritualität und Humor begünstigen sich gegenseitig.

Doing-Mode

Tun: verändern wollen, rastlose Aktivität, auf Außenwelt fokussiert, Ziele, beurteilen, Autopilot.

Being-Mode

Sein: zulassen, was ist, Kontakt zur Innenwelt und Intuition, Stille, Akzeptanz, Bewusstheit.

Also böte es sich im Supermarkt doch an, durchzuatmen und eine andere Sichtweise einzunehmen. Oder?!

Als Erstes nehme ich dazu Verbindung zu meinem Atem auf, ein Anker, der mir jederzeit zur Verfügung steht. Und ich lächle. Das führt umgehend zu einer Entspannung von Körper und Geist. Dann frage ich mich, was ich gerade erlebe und wahrnehme: Ungeduld, Ziehen im Rücken, Zigarettenpackungen. Dann kommt der Perspektivenwechsel zum Einsatz: »Schön, jetzt habe ich mehr Zeit, das Treiben an der Kasse zu betrachten. Ich sehe, was ich (sonst) übersehe. All die Farben und Formen, Menschen. Ich genieße die Situation sogar.« Und ich kann es mit Ironie versuchen: »Endlich habe ich mal Zeit, zu spät zu kommen.« Ich übertreibe und stelle mir vor, alle Menschen in diesem Supermarkt rennen jetzt genau an diese Kasse und stehen plötzlich vor mir. Ich glaube, da bliebe nur noch, herzhaft zu lachen. Ich überlege mir, wie ich die Sache verschärfen kann: Ich lasse einfach noch jemanden vor. Und noch jemanden.

Es gibt also eine Menge Möglichkeiten, aus dem negativen Gefühl herauszukommen. Allerdings, und das ist sozusagen das Kleingedruckte, müssen Sie den Perspektivenwechsel wollen und umsetzen.

In der Einleitung habe ich Ihnen eine kleine Achtsamkeitsübung vorgestellt. Diese können Sie nun erweitern:

Halten Sie wieder einmal inne!

Sie stehen also an der Kasse im Supermarkt. Es dauert wieder ewig. Was tun? Anstatt sich zu ärgern, nehmen Sie einen tiefen Atemzug.

Und fragen Sie sich wie gehabt:

- Was sehe ich?

Nun befragen Sie Ihre anderen Sinne:

- Was höre ich?
- Was rieche ich?
- Was ertaste/fühle ich?
- Schmecke ich etwas?

Sie bekommen eine Ahnung davon, was Sie alles verpassen. Denn meistens ist man so in Gedanken versunken, dass nur eine selektive Wahrnehmung möglich ist. Der Körper spielt so gut wie keine Rolle. In der Übung wird Ihnen bewusst, was Sie alles erleben könnten, wenn Sie es mitbekommen würden. Welche Geschenke im Alltag zur Verfügung stehen; seien es die Farben der Verpackungen, das Geklapper der Kasse oder das Geplapper der Leute. All das findet sonst außerhalb unserer Wahrnehmung statt und existiert für uns somit nicht. Oder es hat uns vorher nur genervt. Vielleicht schaffen Sie es, all das wahrzunehmen, ohne darauf zu reagieren?

Die buddhistische Philosophie erweitert die fünf Sinne durch einen sechsten Sinn: Das Denken und die daraus resultierenden Gefühle.

Also können Sie sich zusätzlich fragen:

- Was denke ich gerade?
- Wie fühle ich mich dabei?

Ist Ihnen das zu umständlich? Es gibt Hilfsmittel. Ich habe mir eine kostenlose Achtsamkeits-App auf Computer und Handy installiert.* Ein hübscher, zufällig erklingender Gongton erinnert mich daran, zu fragen: Was erlebe ich gerade? Das hilft mir, bewusst einen tiefen Atemzug zu nehmen. Insbesondere, wenn man durch die Stadt rast, ist das ganz wunderbar. Ich nehme wahr, wie gehetzt und humorlos ich gerade bin.

Oft geschieht Komisches: Etwa wenn der Gong erklingt, während ich über einen Zebrastreifen gehe. Ich bleibe für ein bis zwei Atemzüge stehen, um dann umso schneller vor den anfahrenden Autos wegzurennen. Schön macht sich der Gong auch an der Supermarktkasse, denn eine kleine Atem-Medi passt hier meistens. Manchmal passiert das Umgekehrte: Im Stau hängend, reagiere ich genervt, wenn nun auch noch der Gong ertönt und mich schon wieder zum Innehalten auffordert. Dabei ist es ja nicht der Gong, sondern mein buddhistisches Pflichtgefühl. Auch interessant zu erforschen.

---

* Eine App gibt es zum Beispiel auf der Seite: www.plumvillage.org

Der Kabarettist Werner Finck ersann folgende Humordefinition: »Humor beginnt dort, wo der Spaß aufhört.« Wer Spaß zu erzeugen weiß, obwohl die Situation nicht lustig ist, beweist Sinn für Humor. Ähnliches drückt der Satz aus: »Humor ist, wenn man trotzdem lacht.« Er akzentuiert Humor als Trotzmacht gegen die Widrigkeiten dieser Welt.

So erklärt es uns der Duden: »Humor ist die Gabe und Fähigkeit eines Menschen, den Unzulänglichkeiten der Welt und der Menschen sowie den Schwierigkeiten und Missgeschicken des Alltags mit heiterer Gelassenheit zu begegnen und über sie und sich lachen zu können.« Diese Definition streicht die heitere Gelassenheit als Wesensmerkmal des Humors heraus. Gelassenheit spielt im Buddhismus eine große Rolle, eng verknüpft mit Gleichmut und Freude. Psychologen bezeichnen die Gelassenheit als Coping-Strategie (von engl. *to cope*, bewältigen, überwinden), also als eine Strategie, Missgeschicke zu bewältigen. Sie verstärke die angeborene Fähigkeit, mit schmerzvollen Veränderungen umzugehen, was man Resilienz nennt (von lat. *resilere*, abprallen).

Eine Hauptquelle des buddhistisch inspirierten Humors ist der Kontrast zwischen dem, was wir meinen verstanden zu haben, und dem, wie wir uns verhalten: Natürlich weiß ich, dass alles vergänglich ist, und trotzdem war ich unfähig mich von dem durchgerosteten Auto zu trennen, das ich nach dem Tod meiner Mutter geerbt habe. Ich wollte es gar nicht mehr fahren, aber verschrotten auch nicht, weil es ihr sehr viel bedeutet hatte. Also stand es monatelang am Straßenrand, versichert, vor sich hin rostend, Geld verschlingend, bis sich während des frostigen Winters Ratten im Motorraum gemütlich einrichteten. Als ich die Motorhaube öffnete und nach dem ersten Schreck das ganze Stroh und angebissene Plastik wegfegte, atmete ich zwangsläufig den Staub der Tierunterkunft ein. Dieser sei hochgefährlich, teilte mir auf Anfrage das Tropeninstitut mit, woraufhin ich einen Bluttest machen musste, in der Wochen dauernden Inkubationszeit auf mein Nierenversagen wartete und mich schon auf der Intensivstation sah. Glücklicherweise überlebte ich und konnte mich dann endlich von dem Fahrzeug trennen. Vom Schrottunternehmen bekam ich zum Abschied ein Erinnerungsfoto von dem, was nach der Schrottpresse übrig blieb: Ein eckig geformtes Blechpaket. Das alles war zunächst schmerzvoll und als Teil der Trauerphase hilfreich. Und ist für mich heute, mit etwas Abstand, komisch.

Buddha wies auf den grundlegenden Widerspruch hin, dass wir die Vergänglichkeit nicht wahrhaben wollen und uns so verhalten, als existiere alles ewig. Im Lotus-Sutra werden die Menschen als Kinder beschrieben, die lustvoll in einem Haus spielen, das in Flammen steht. Das Haus ist Symbol für die Welt, die nach der ersten edlen Wahrheit, die Buddha verkündete, von den Flammen von Kummer und Leid (*Dukkha*), Gier, Hass, Unwissenheit, Geburt, Alter, Krankheit und Tod entzündet ist. Der Vater der Kinder, eine Metapher für Buddha, ruft ihnen zu, sie sollen sofort herauskommen, um ihr Leben zu retten. Doch seine Kinder sind völlig in ihr freudvolles Spiel versunken und bemerken die Gefahr nicht. Sie erwarten, dass alles so lustig bleibt. Auch ich bin der Überzeugung, genau zu wissen, dass das Haus, sprich die Welt, brennt. Doch empfinde ich so? Selten. Durch Meditation und Achtsamkeit wird die Welt viel heiterer. Flammen? Wo denn?!

Die spielenden Kinder erkennen keine Gefahr. Da wendet der Vater einen Trick an. Er ruft seinen Sprösslingen zu, vor dem Haus warteten wunderbare Spielsachen auf sie, schöne Wagen mit Ziegen, Rehen oder Ochsen (diese stehen für die verschiedenen Fahrzeuge als buddhistische Traditionen). Die Kinder stürmen daraufhin freudig aus dem brennenden Haus. Diese Methode, die Kinder aus dem Haus zu bekommen, wird *Upaya* genannt. *Upaya* sind geschickte Mittel zur Vertiefung und Entfaltung der spirituellen Praxis. Sie entspringen der Einsicht und beinhalten die Fähigkeit, andere Wesen durch methodisches Geschick zur Befreiung zu führen, also Meditationen, Mantras, Mandalas, Koans, genauso Witz, Freude und Humor – oder Spielsachen.

Die Vergänglichkeit, den Wandel wirklich zu verstehen, gehört zu den größten Herausforderungen. Deshalb spielt es im *Dharma* eine besondere Rolle, Mitgefühl mit anderen und sich selbst zu entwickeln, mit den Kindern im Haus, die im Spiel von *Samsara* gefangen sind. Das Beispiel mit den Kindern ist auch deshalb hilfreich, weil es im Humor häufig darum geht, sich mit dem Kind zu verbinden, das wir einmal waren und noch immer als unser inneres Kind in uns tragen, mit all seiner Albernheit, Freude, Gier, Wut und Trauer.

Interessanterweise verlieren in diesem Text Spiel, Freude und Lachen ihre positive Qualität und werden gedeutet als etwas, das uns von der eigentlichen Einsicht, dass sich alles wandelt, ablenkt. Buddha unterschied zwischen dem Vergnügen, das von äußeren Anlässen und Ablenkung gespeist wird, und innerer Freude, die aus geistigem Frieden und der Verbindung zu einer zeitlosen inneren Qualität, der Buddha-Natur, resultiert. Diese innere Freude, die aus der Fülle wächst, hilft unabhängig von dem Spiel, also von äußeren Ablenkungen, das brennende Haus zu erkennen, zu verlassen und sich damit aus der Gefahrenzone zu bringen.

Kleine Wahrnehmungsübung

Finden Sie bitte die drei außerordentlich sorgsam vesteckten Fehler in diesem Satz, die Ihnen demonstieren sollen, dass nicht alles so ist, wie es scheint.*

Wie schwierig es manchmal ist, eine humorvolle Perspektive einzunehmen, zeigt sich bei einem Vortrag des Dalai Lama im Hamburger Kongresszentrum. Während er drinnen philosophiert, stehen sich vor dem Gebäude buddhistische Mönche und Nonnen als Kontrahenten gegenüber und skandieren lauthals ihre Meinungen. Eigentlich gehören beide Lager zu den Gelbmützen, der Gelugpa-Tradition des Dalai Lama. Streitpunkt ist die Shugden-Praxis, eine Form der Meditation, bei der *Dorje Shugden* (Mächtiger Donnerkeil) angebetet wird, eine Gottheit, die der Dalai Lama als böswilligen Geist

* Auflösung: 1. vesteckten statt versteckten. 2. demonstieren statt demonstrieren. 3. Es sind nur zwei Fehler.

bezeichnet. Sein Verbot der Shugden-Praxis kritisieren ihre Verfechter als Bevormundung. Dieser öffentlich ausgetragene Streit über die Meditationsform und ihr Verbot klingt für viele Besucher geradezu bizarr, angesichts des Appells, sich auf säkulare, universelle Werte zu besinnen. Auf jeden Fall ist hier schnell Schluss mit lustig. Und wer meint, Buddhisten würden nicht handgreiflich, den belehren einige Mönche, die vor dem Kongresszentrum mit Fäusten aufeinander losgehen. Sie schlagen sich so heftig, dass die Polizei anrollt und die Streitenden aus Mitgefühl voneinander trennt. Manche Zuschauer grinsen entsetzt. Von außen betrachtet ist es komisch, wenn Buddhisten sich hauen. Es erinnert irgendwie an das Elefanten-Gleichnis.

Eine humorvolle Haltung einzunehmen und dafür seinen Sinn für Humor zu gebrauchen, bedeutet also, ein *Reframing* (von engl. *frame*, Rahmen) durchzuführen, etwas in einem anderen, überraschenden und originellen Zusammenhang zu stellen.

Dazu folgende Geschichte:

Ein Zen-Meister hat zwei Schüler, die jeden Tag im Klostergarten Geh-Meditation üben. Da beide starke Raucher sind, überlegen sie, ob sie nicht dabei rauchen könnten – schließlich sind sie ja draußen.

Sie beschließen, jeweils den Meister zu fragen. Am nächsten Tag treffen sie sich im Garten zur Geh-Meditation und einer von ihnen hat eine brennende Zigarette im Mund.

Der andere wird wütend und sagt: »Der Meister hat es verboten. Interessiert dich das nicht?«

»Mir hat er es erlaubt.«

»Wie ungerecht, mir hat er es verboten.«

»Was hast du ihn denn gefragt?«

»Ich habe ihn gefragt, ob ich beim Meditieren im Garten rauchen darf. Da ist er wütend geworden und hat mich mit dem Stock geschlagen.«

»Ich habe gefragt, ob ich beim Rauchen meditieren kann, da hat er sich gefreut.«

Ein Witz, eine pointierte Bemerkung, eine komische Situation können uns mit einem Schlag eine ungeahnte Perspektive eröffnen.

Übung: Perspektivenwechsel trainieren

Sie kommen in der Mittagspause in ein Restaurant, haben Hunger und Durst, freuen sich auf ein gutes Essen, aber es ist sehr voll. Sie finden gerade noch einen Platz. Freude. Sie sitzen. Und sitzen. Wer nicht kommt, ist ein Kellner. Zeit vergeht, fünf, zehn, zwanzig Minuten. Gleich ist die Mittagspause vorbei und Ihr Magen knurrt noch immer. Sie sind kurz davor, zu platzen.

Was tun? Natürlich können Sie aufstehen und das Lokal wutschnaubend verlassen oder laut aufschreien und nach dem Geschäftsführer verlangen.

Oder:

1. Durchatmen. Einen kräftigen Atemzug nehmen, den Atem wahrnehmen und lächeln. Auch wenn's schwerfällt. Es wirkt.
2. Sich fragen: Was erlebe ich? Wut, Ungeduld? Wo im Körper spüre ich es?
3. Das, was Sie aufregt, gedanklich umdrehen und nach Vorteilen suchen: Welche Vorzüge hat es, hier zu warten? Sie können Ihren Sinn für Humor und Ihre Geduld testen: Ich sitze im Trockenen. Draußen könnte ich vom Auto überfahren werden. Je länger ich warten muss, umso besser wird das Essen schmecken. Wenn ich gar nichts

bekomme, werde ich 1000 Kalorien einsparen. Ich übe mich in Geduld.

4. Interessiert studieren: Versuchen Sie das, was Sie aufregt, genau zu betrachten: Faszinierend, dass der Kellner direkt an mir vorbeirennt, ohne mich zu sehen. Wie macht er das nur? Ich würde das nie hinkriegen. Und jetzt wieder ...

5. Versuchen, die Lage gedanklich oder tatsächlich zu verschärfen: Wie könnten Sie das tun? Indem Sie sich auf der Toilette verstecken. Oder unter dem Tisch. Vielleicht haben Sie etwas zu essen dabei? Packen Sie es aus. Sie könnten auch mit dem Handy anrufen und fragen, ob das Lokal einen Lieferservice an den Tisch anbietet. Sie könnten einfach vom Teller Ihres Nachbarn essen. Sie könnten durchs Lokal wandern und von mehreren Tellern etwas stibitzen. Oder Sie könnten direkt in die Küche gehen und sich dort bedienen. Oder Sie könnten, wie es Loriot vorschlägt, dem Kellner zurufen: »Herr Ober, darf ich Ihnen etwas bringen?«

6. Sich von außen betrachten: Wie sehe ich aus, wenn ich kurz davor bin, auszurasten? Oder wenn ich ausraste? Wutverzerrtes Gesicht, tiefe Stirnfalten, wild gestikulierend?

Wenn das alles vergebens ist, schlage ich vor, Sie stehen auf, gehen zum Tresen und sagen: »Ich würde gerne bezahlen.« Wenn der Kellner dann antwortet: »Sie haben ja noch gar nicht bestellt!«, bleibt Ihnen ein »eben«, dazu das souveräne Lächeln, mit dem Sie das Lokal als Sieger verlassen.

Bin ich lustig?

»Wasser erhitzt sich langsam und kocht plötzlich.«

Buddhistische Weisheit (oder auch nicht)

Der Dalai Lama ist voll in Fahrt. Vor einem verzückten Publikum berichtet er, wie er einmal seinen Vogel mit Nüssen habe füttern wollen. Als das Tier sie verschmähte, habe ein Mitarbeiter versucht, ihm die Leckerlis schmackhaft zu machen. Und Überraschung: Nun genoss der Vogel die Nüsse. Seine Heiligkeit sei plötzlich sehr eifersüchtig geworden und habe seinem Mitarbeiter und dem Vogel unnette Dinge gewünscht. Dann habe er seine Regung bemerkt und sie so absurd gefunden, dass er darüber habe lachen müssen.

Während er das erzählt, lacht und schüttelt er sich in bekannter Manier. Dann schickt er uns in die Mittagspause mit dem Auftrag, angesichts des auf uns wartenden, reichlichen Essens über die Leerheit aller Phänomene zu meditieren. Grinsen.

Über seine eigenen Missgeschicke zu lachen, also über sich selbst, ist eine ganz besondere Form des Perspektivenwechsels. Der Dalai Lama zeigt das bei seinem Vortrag vorbildlich. Nach meiner Auffassung ist es eine der Grundressourcen des buddhistischen Humors und zugleich ein faszinierendes Rätsel. Denn das Selbst gibt es gar nicht. Eine der elementarsten und revolutionärsten Lehren, die Buddha formulierte, ist das Konzept des Nicht-Ich. Es sagt aus, dass die allgemeine Vorstellung, der Mensch verfüge über ein beständiges Ich, ein Selbst, eine alles überdauernde Seele, lediglich eine Illusion sei. Auch wenn die Menschen trotz aller Entwicklungen, die sich im Laufe der Zeit in ihnen vollziehen, eine Konstante spüren, bleibe dieses Ich ein Zaubertrick des Geistes, der wie alles andere entsteht und vergeht. Über sich selbst zu lachen bedeutet im Buddhismus, über etwas zu lachen, das nur durch abhängiges Entstehen existiert, deshalb vergänglich und letztlich leer ist.

Doch wir alle erfahren und meinen zu wissen, dass ein Ich sehr wohl existiert. Naja, es kommt uns jedenfalls so vor. Und das mit gutem Grund: Gehen Sie mal ohne Ich zum Arzt. Wenn dieser fragen sollte: »Wie geht es Ihnen?« (solche nette Ärzte gibt es) und Sie antworten: »Wem? Buddha hat gesagt, mich gibt's eigentlich gar nicht«, wird der Arzt schnell eine Überweisung ausstellen – außer, Sie befinden sich schon in der psychiatrischen Ambulanz.

Dieses Ich, das wir im Alltag spüren und benötigen, um einem Willen Nachdruck zu verleihen und Ziele zu erreichen, etwa kontinuierlich zu meditieren, wächst gerne zu einem großen Ego an und führt zu immensen Gefühlsregungen zwischen tiefster Trauer und höchster Euphorie. Ich bilde mir dann nicht nur irgendetwas ein, sondern ich bilde mir ein kohärentes Ich ein, also bilde ich mir mich ein. Was diese Einbildung, also die Vorstellung, mit mir macht, was geschieht, wenn ich an meinem Ich festhalte, ist oft traurig und – sehr lustig.

Insbesondere im Zen-Buddhismus gibt es Witze, die das Ich und seinen tief sitzenden Wunsch, die unersättliche Gier nach Anerkennung, thematisieren.

> Sagt der eine Zen-Buddhist zum anderen: »Dich gibt es gar nicht.«
> Darauf der andere: »Wem sagst du das.«

Was geschieht nun, wenn ich über mich selbst lache? Zunächst einmal bedeutet es, ich nehme mich selbst nicht so ernst. Wie der Satz ausdrückt, gehören dazu zwei, nämlich »ich«, das beobachtende Bewusstsein (im Buddhismus auch innerer Zeuge genannt), und »mich«, meine beobachtete Identität. Über sich selbst zu lachen bedarf deshalb paradoxerweise ein besonderes Selbst-Bewusstsein, sonst würde man diese Art von Humor gar nicht ertragen. Menschen mit Depressionen, die sich als wertlos empfinden, sind kaum in der Lage, über sich selbst zu lachen. Denn zwischen ihrem Ich und der Betrachtung dieses Ichs gibt es so gut wie keinen Raum. Sie sind eins mit ihrem Schmerz, dessen Ursachen in der Vergangenheit und Zukunft zu finden sind.

Bei Zorn und Wut geschieht die Identifikation des Ichs mit sich selbst. Vermag man aber über sich selbst zu lachen, entfernt man sich von seinem Ich. Das zu üben, ist zentrales Element des Buddhismus: Den inneren Zeugen wecken, der Distanz zum eigenen Ich entwickelt und so mit heiterer Gelassenheit das Kommen und Gehen von Gefühlen und Gedanken beobachten kann. Der innere Zeuge resultiert aus der Fähigkeit, sich selbst zu beobachten, Abstand zu halten – wie der Himmel, der nicht mit den Wolken verschmilzt, sondern Himmel bleibt. Dadurch ist eine Haltung der Nicht-Identifikation mit Gefühlen, Gedanken, Wahrnehmungen möglich. Hilfreich ist dabei der »Anfängergeist«, die Fähigkeit, Dinge ohne Vorurteile und Erwartungen so wahrzunehmen, als sehen wir sie das erste Mal und staunen darüber, was geschieht. Witze und komische Situationen können uns verblüffen, dadurch die Distanz zum leidgeplagten Ich vergrößern und dem inneren Zeugen Raum zum Betrachten des Ichs verschaffen.

Gleichzeitig kann allerdings wieder eine neue Identifikation einsetzen. Wenn der Dalai Lama oder andere Redner einen Witz über sich selbst machen, so punkten sie beim Publikum – sie wirken sehr menschlich und der Unterhaltungswert des Vortrags steigt. Selbst-Ironie ist ein rhetorisches Element, mit dem man sich kleiner macht – oft eingesetzt, um in den Augen des Gegenübers dann doch größer zu erscheinen. Manchmal verbirgt sich hinter der Fähigkeit zur Selbstironie das geschickt versteckte Bedürfnis, sein Ich besonders ernst zu nehmen.

Interview mit Stephen Batchelor

Was bringt Sie zum Lachen?

Für mich liegt der Sinn für Humor in der ironischen Beobachtung. Im Buddhismus sehen wir die Dinge manchmal mit einem etwas düsteren Ernst und das führt zu einem Verlust. Wir sehen oft nicht das ganze Bild, nicht die ironische Sicht auf die lustige Seite. Wenn zum Beispiel ein Philosoph einen Vortrag über ein ernstes Thema hält und zugleich einen seltsamen Gesichtstick hat. Oder wenn ein pompöser Priester oder Lama etwas Seltsames tut, unabsichtlich, wie furzen. Dann finde ich das ironisch, weil es einen Konflikt zwischen der Schwere des Themas und der unvermeidlich menschlichen Bedingung, der banalen Seite des Menschseins, offenbart. Es ist für mich ein Hinweis, nicht alles so ernst zu nehmen. Das bringt mich zum Lachen. Das macht mir viel Spaß.

Welche humorvolle Geschichte gefällt Ihnen?

Der berühmte tibetische Lama Kalu Rinpoche und ein nicht weniger berühmter koreanischer Zen-Meister kommen zusammen zu einem *Dharma*-Talk, ein Übersetzer ist anwesend. Der Zen-Meister nimmt eine Orange in die Hand, zeigt darauf und fragt bedeutungsvoll: »Was ist das?« Kalu Rinpoche dreht sich zu dem Übersetzer und fragt: »Haben sie keine Orangen in Korea?«

Stephen Batchelor ist ein britischer Buddhist und Autor, der durch seine säkulare und agnostische Herangehensweise an den Buddhismus bekannt geworden ist.

Der Schauspieler Peter Ustinov meint: »Die Engländer lachen nur deshalb so gerne über sich, damit es andere nicht tun.« Dahinter steckt die Beobachtung, dass geschickte Selbstironie anderen den Wind aus den Segeln nimmt. So behält man die Kontrolle. Wer sich gekonnt auf die Schippe nimmt, bewahrt seine Würde und gewinnt die Herzen seines Publikums.

Komiker wie Charlie Chaplin, Buster Keaton, Jacques Tati oder Woody Allen, die zweifellos in ihren Werken viel Selbstironie beweisen, berichten, dass es ihnen im privaten Leben oft schwerfalle, sich selbst weniger ernst zu nehmen. Warum? So wie bei der Figur des Clowns stehen hinter der Lustigkeit eine Urscham und die Furcht, nicht gesehen und nicht geliebt zu werden. Die meisten Humoristen sind empfindsame Seelen, oft Melancholiker, die mit ihren Späßen Anerkennung suchen. Wenn sie es schaffen, die anderen zum Lachen zu bringen, entsteht das wunderbare Gefühl, liebenswert zu sein und geliebt zu werden. Das kann abhängig machen.

Wie ist mein Sinn für Humor? (Teil 2)

Unten stehende Fragen sind Anregungen, die Sie wie in Teil 1 (S. 30 f.) angehen können. Es geht nicht darum, alle Fragen zu beantworten. Vielleicht suchen Sie sich erst einmal eine Frage aus. Und irgendwann eine zweite und dann eine dritte etc.

- Wie oft lache ich?
- Wann habe ich zum letzten Mal so richtig gelacht?
- Wie fühle ich mich, wenn ich lache?
- Worüber kann ich mich so richtig freuen?
- Welcher Witz gehört zu meinen Lieblingswitzen?
- Wann habe ich das letzte Mal gespielt – und was?
- Welche Komikerin/welchen Komiker (Comedian) mag ich? Welche mag ich nicht?
- Welche Dinge, Personen oder Tiere bringen mich zum Lachen?
- Macht sich jemand über mich lustig, lacht über bestimmte Eigenschaften von mir? Wie fühle ich mich dabei?

- Mache ich mich gerne über etwas/jemanden lustig?
- Welche Art von Humor mag ich? Und welchen Humor nicht?
- Welche negativen Seiten von Humor habe ich bereits erlebt?
- Wann ist mir das letzte Mal der Humor so richtig vergangen?
- Worüber kann ich mich so richtig aufregen?
- Wie hilft mir Humor, Probleme besser zu bewältigen?

Kleiner Stufenweg des Humors

»Wer Humor hat, kann sogar Spaß ertragen.«

Paul Mommertz

Über sich selbst lachen zu können, also sich weniger ernst zu nehmen, bedeutet nicht nur, über eigene Missgeschicke Späße zu machen, sondern dies gleichermaßen anderen zu erlauben. Das ist eine große Herausforderung, verlangt es doch von Ihnen, die Kontrolle über das Lachen ein Stück aufzugeben. Auf diese Weise hilft die Fähigkeit, über sich selbst zu lachen, sich vom Ego und Ich-Bewusstsein zu lösen.

Rolf D. Hirsch, emeritierter Professor für Gerontopsychiatrie, erforschte den Humor seiner Patienten. Er ersann eine Art Stufenweg und unterschied fünf Stufen in der Entwicklung des Humors:

Stufe 1: Nicht lachen können

Da bleibt das Lachen im Halse oder sonst wo stecken. Ich sitze im Café und arbeite an diesem Text, als am Nebentisch eine Gruppe Touristen beginnt, sich zu amüsieren. Das Lachen erreicht die Lautstärke eines Düsenjägers. Bei diesem Lärm kann niemand arbeiten! Wütend packe ich meinen Computer, kippe dabei die Tasse um und der restliche Kaffee ergießt sich über meine Hose. Ich werfe einen strafenden Blick hinüber zu den Spaßmachern, von denen mich einige kurz anstarren, dann aber ungerührt weitergiggeln. Ich wünsche sie in die buddhistische Gelächterhölle, denke aber gleichzeitig: »Was bist du für ein Miesepeter. Du schreibst doch über Humor, also darf dich das Lachen der anderen nicht nerven.« Nun fühle mich auch noch als schlechter Buddhist und schuldig, möchte mich am liebsten entschuldigen. Da mich aber sowieso niemand beachtet, verkneife ich mir das lieber und verlasse deprimiert das Café. Nie wieder Humor und Buddhismus!

Nicht-Lachen rührt unter anderem daher, dass man schlicht eine Situation nicht als komisch, lustig wahrnimmt. Das kann viele Ursachen haben. Zunächst ist da einmal die Stimmung. Manchmal ist einem einfach nicht zum Lachen zumute; vielleicht nur deshalb, weil der Blutzuckerspiegel zu niedrig ist. Dann wird zu wenig Dopamin ausgeschüttet und die Laune ist im Keller. Die Bereitschaft, einen Widerspruch als lustig zu empfinden und sich erheitern zu lassen, ist gehemmt.

Probate Lach-Hemmer sind Angst und Zorn. Vielleicht fühlen Sie sich verletzt und identifizieren sich mit Ihrem erlebten oder zukünftigen Leid, Ihren Zielen, Hoffnungen und Enttäuschungen. Der Buddhismus nennt das anhaften, festkleben. Dann bleibt kein Raum zwischen dem Ich und dem inneren Zeugen, der Sie folglich weder beobachten kann noch in der Lage ist, nur wahrzunehmen, ohne zu urteilen.

Stufe 2: Über andere lachen können

»Mein Meister hatte Recht, als er sagte, ich solle nachts in keine Bar gehen, weil ich dort sonderbare Dinge sehen würde, die ich nicht sehen sollte. Aber ich bin natürlich doch gegangen.«

»Und was hast du gesehen?«

»Meinen Meister.«

Schadenfreude ist neben der Vorfreude die schönste Freude. Auch ich lache gerne über die Katastrophen anderer. Warum auch nicht?

In Religionen, auch dem Buddhismus, ist es eine zwiespältige Sache, über andere zu lachen. Buddha hat es als verletzend angesehen. Und das kann es tatsächlich sein, wenn man andere damit abwertet. Und trotzdem tut und genießt das jeder, insbesondere, wenn es um die Hundertfünfzig-Prozentigen in den eigenen Reihen geht oder um Vertreter anderer Religionen. Manche Menschen verbieten es sich und werden dadurch griesgrämig. Doch das erste Lachen, wenn jemandem ein Missgeschick passiert, ist ein Reflex, der automatisch abläuft. Erst wenn anschließend die Absicht erwächst, jemandem willentlich zu schaden, entsteht aggressives, böses Verlachen.

Über andere zu lachen eröffnet die Chance, in den Macken des anderen die eigenen zu erkennen. Dadurch amüsiert man sich gleichzeitig über sich und fühlt sich mit dem Opfer verbunden.

> Ein Mann sieht, wie ein buddhistischer Mönch auf einer großen Wiese genau gegen einen Baum läuft und zu Boden geht.
>
> Er fragt den Mönch: »Wieso bist du denn vor den Baum gelaufen? Du hättest doch rechts oder links vorbeigehen können.«
>
> Darauf der Mönch: »Ich wollte den mittleren Weg nehmen.«

Stufe 3: Über mich selber lachen können

Hier beginnt ein Prozess der Selbsterkenntnis. Durch die Betrachtung der Missgeschicke anderer können Sie sich an eigene Katastrophen erinnern. Da es aber im Moment um den anderen geht, können Sie über sich lachen, ohne sich zu entwerten. Das wirkt kathartisch. Erst erkennen Sie sich selbst im anderen. Später kommen Ihnen auch eigene Katastrophen in den

Sinn und Sie können vielleicht irgendwann darüber lachen. So wie ich über meine Flucht vor den hysterisch lachenden Touristen, heute finde ich die Situation und mein Verhalten lustig.

Die US-amerikanischen Komiker Marx Brothers haben dafür folgende Formel aufgestellt: Komödie = Tragödie plus Zeit. Nach einer gewissen Zeit kann sogar ein tragisches Ereignis komische, lustige Züge gewinnen. Warum? Weil der Schmerz nachgelassen hat und dadurch der Blick auf das absurde Scheitern des Homo sapiens möglich wird. Durch die humorvolle Betrachtung der eigenen Person nehmen Sie sich selbst weniger ernst und entdecken, wie komisch Sie und Ihre Missgeschicke zuweilen sind. Diese Fähigkeit entsteht in einem wichtigen Reifeprozess innerhalb der Persönlichkeitsentwicklung. Eine humorvolle Haltung wird durch die Relativierung des Ichs zu einem Bewusstseinsprozess.

Stufe 4: Andere dürfen über mich lachen

Es war einmal ein junger Mönch in China, der sehr ernsthaft den *Dharma* praktizierte. Einmal stolperte er über etwas, das er nicht verstand, also fragte er seinen Meister.

Als der Meister die Frage hörte, lachte er, stand auf und ging weg, immer noch lachend.

Der junge Mönch war von der Reaktion des Meisters verstört. Drei Tage lang konnte er weder essen und trinken noch schlafen. Danach ging er zu seinem Meister und erzählte ihm, wie aufgebracht er gewesen war.

Der Meister sagte: »Weißt du, was dein Problem ist? Du bist komischer als ein Clown!«

Der Mönch war schockiert: »Verehrter Herr, wie können Sie so etwas sagen? Wie kann ich komischer als ein Clown sein?«

»Ein Clown genießt es, andere Menschen über sich lachen zu sehen. Du? Du bist verstört, nur einen Einzigen über dich lachen zu sehen. Sag selbst, bist du nicht komischer als ein Clown?«

Als der Mönch das hörte, fing er an zu lachen. Er war erleuchtet.

Solange man einem Publikum erlaubt, über die eigene Person zu lachen, dies sogar wünscht, behauptet sich das Selbst. Man erntet Anerkennung. Wenn Sie das Lachen anderer aber kalt erwischt, Sie es trotzdem zulassen und aushalten können, ausgelacht zu werden, ohne tief verletzt zu sein, ohne dafür Vergeltung zu fordern, dann beweisen Sie Humor und Haltung. Und haben dabei vielleicht auch ein Lächeln auf den Lippen. Dabei lassen Sie Ihr Ich los, also Ihre Anhaftung an ein Selbst-Bild. Dazu bedarf es eines Selbstwertgefühls, das erkennt: Ich bin nicht nur das, worüber die anderen lachen. Hier beginnt das, was man gemeinhin unter der Fähigkeit versteht, sich nicht so ernst zu nehmen. Jeder weiß, wie schwierig, ja, unmöglich das in manchen Situationen ist. Wenn man Auslachen als Spott empfindet, kann man so tief beschämt werden, dass die Identität in Gefahr gerät. Es kann daher einer Selbstvernichtung gleichkommen, wenn man hartnäckig an einem Selbst-Bild festhält.

Im Zen-Buddhismus werden Witze gerne dazu benutzt, den Anspruch auf Identität des Schülers – ebenso des Meisters – radikal infrage zu stellen oder sogar zu zerstören. Doch das wird begleitet von Mitgefühl für denjenigen, der an seinem Ich klebt und deshalb Leid erfährt. Weiß man das, kann man üben, das Lachen der anderen nicht mehr als Selbstentwertung zu empfinden.

Stufe 5: Gemeinsam mit anderen über mich selbst lachen

Wer es schafft, in das Lachen der anderen einzustimmen, wenn diese über ihn lachen, wer es schafft, zu sagen, »ja, so bin ich auch«, der hat eine besondere Stufe der Weisheit erreicht. Als Ausgelachter identifizieren Sie sich dann nicht mehr mit dem, was andere an Ihnen kritisieren und auslachen. Im Gegenteil, Sie empfinden es selbst als lustig, können Ihr Ego loslassen, spielerisch mit ihm jonglieren und daher freudvoll mitlachen. Das Ich, an dem wir alle gerne festhalten, ist nichts Gleichbleibendes.

Anhand dieses Kriteriums prüfe ich, welchem Meister oder Lehrer, die sich gerne als wissend präsentieren, ich vertrauen will. Sie sollten eigentlich keine Probleme damit haben, wenn andere ihre Schrulligkeiten oder seltsamen An- und Absichten lustig finden; auch nicht, wenn sie dafür ausgelacht werden. Humor wird so zu einer Art Supervision für Gurus, ob sie eine Haltung von heiterer Gelassenheit bewahren können. Doch bei manchem Meister, aber vor allem bei seinen Anhängern, ist da schnell Schluss mit lustig.

Allerdings sind das nun wiederum meine Erwartungen, wie Meister und Anhänger zu sein haben, und wenn sie wenig Humor beweisen, ist eben bei mir schnell Schluss mit lustig.

Buddhas Humor – die Kuh am Horn melken

»Witz verblüfft,
Humor erleuchtet.«

Unbekannt

Buddha wandert gemeinsam mit Ananda, seinem Cousin und einem seiner engsten Schüler, sowie einem anderen Mönch durch einen Mangohain. Plötzlich grinst der Erwachte. Ananda fragt ihn, worüber er denn lächle. Buddha erzählt die Geschichte von König Mahakadevo.

Der Pali-Kanon berichtet davon, dass Buddha im Moment seiner Erleuchtung unter dem Bodhi-Baum seine früheren Existenzen bewusst wurden. Dazu gehörte sein Leben als König Mahakadevo, der viele Jahre gerecht regiert hatte und von seinem Volk verehrt worden war. Der König war stolz und eitel. So sagte er seinem Friseur, er möge ihm sofort melden, wenn er auch nur ein einziges weißes Haar auf seinem Kopf fände. Eines Tages war es so weit: Der Friseur fand ein weißes Haar. Der König war schockiert, befahl dem Friseur, es unverzüglich mit einer Pinzette auszureißen und ihm auf die Hand zu legen. So geschah es. Der König starrte auf das weiße Haar, Schweiß lief ihm von der Stirn. Obwohl noch viele Jahre der Regentschaft vor ihm lagen, meinte er, sein Tod stände kurz bevor. Er war schockiert und beschloss, sofort von seinem Amt als König zurückzutreten und Mönch zu werden.

Er schenkte dem Friseur ein ganzes Dorf, übergab die Regentschaft seinem Sohn und sagte ihm, er solle es genau so tun, wenn er auch nur ein einziges weißes Haar auf seinem Kopf fände. König Mahakadevo ging also mit der Bettelschale in die Hauslosigkeit und erreichte die Befreiung. Und so wie er machten es sein Sohn und dessen Sohn. Sobald das erste weiße Haar wuchs, erschraken sie so, dass sie Mönche wurden.

Grinsend erzählt Buddha diese Geschichte. Er amüsiert sich über sich selbst – und doch wieder nicht. Denn als Buddha ist er nicht mehr König Mahakadevo und irgendwie doch. So lässt sich diese Geschichte als humorvolle Parabel verstehen. Eitelkeit hat etwas für sich.

Man muss nicht an die Wiedergeburt glauben, um sich auf diese Geschichte einen Reim zu machen. Wenn Sie über sich selbst lächeln, weil Sie vielleicht früher einmal seltsam re(a)-gierten, so können Sie das, weil Sie damals ein anderer waren. Das Ich gleicht einem Bewusstseinsstrom, der im Fluss des abhängigen Entstehens immer wieder neu geboren wird und stirbt, sich also kontinuierlich verändert.

Buddha setzte Humor gerne ein, um seine Lehre anschaulich zu machen. So lehrte er: Wer mit falscher Ansicht die Befreiung gewinnen wolle, der gleiche einem Menschen, der eine Kuh am Horn statt am Euter melke. Ob er das nun mit erwartungsvoller Hoffnung tue oder gedankenlos aus bloßer Gewohnheit: Milch werde er jedenfalls nie bekommen.

Einmal kam ein Mann zu Buddha und berichtete, die Brahmanen würden gemeinsam mit einer großen Menschenmenge für einen Toten beten und so dafür sorgen, dass er die Befreiung erlange. Ob er, Buddha, dies auch für alle Menschen tun könne?

Buddha reagierte mit einer Gegenfrage: »Angenommen, jemand bringt Lebendiges um, stiehlt, lügt, ist böswillig und hat falsche Ansichten – wenn eine große Menschenmenge ihn nun anbete, würde er dann die Befreiung erlangen? Was meinst du?«

»Nein«, antwortete der Mann.

Buddha fügte hinzu: »Das wäre so, als wenn ein Mann einen Felsbrocken in einen tiefen See würfe, und eine große Menschenversammlung würde den Fels anbeten, ihn preisen und rufen: ›Felsbrocken, tauche auf, lieber Felsbrocken, schwimme ans Ufer, lieber Felsbrocken.‹ Was meinst du, würde der Felsbrocken deswegen auftauchen und ans Ufer schwimmen?«

3.
Lachen – eine laute Kurzmeditation

»Im Anfang war das Lachen.
Und dann kam die Erziehung.«

Thomas Holtbernd

Dieses Buch will Sie dabei unterstützen, mithilfe buddhistischer Einsichten eine humorvolle Haltung gegenüber der Welt zu entwickeln und zu bewahren. Zum Humor gehört das Lachen, das, gemeinsam erlebt, Menschen auf einer tiefen empathischen Ebene verbindet und deshalb im Sinne der buddhistischen Lehren ein Zeichen von Mitgefühl und Mitfreude ist. Lachen entspannt Körper und Geist und wird so zu einer heilsamen Erfahrung. Lachen jedoch, das sich über jemanden stellt, vermag einen Menschen bloßzustellen und ihn zu verletzen. Es handelt sich also um einen sehr komplexen Vorgang, den es sich lohnt, genauer zu betrachten. Denn was passiert genau, wenn wir lachen und lächeln? Was bringt uns dazu? Und hat sich Buddha auch mal vor Lachen auf dem Boden gewälzt, hat er Witze erzählt?

In einem Saal des Hamburger Kongresszentrums lausche ich Seiner Heiligkeit, dem buddhistischen Lehrer, der vor Hunderten Zuhörern nachdenklich über die Leerheit aller Phänomene philosophiert. Die Atmosphäre ist konzentriert, nur hin und wieder hört man ein Räuspern oder Niesen.

Plötzlich bricht der Tibeter in lautes Lachen aus und ruft: *»This is very, very difficult! Sometimes I don't understand it by myself!«* – »Das ist sehr, sehr kompliziert! Manchmal verstehe ich es selbst nicht!«

Auf der Leinwand lässt sich beobachten, wie sich sein Gesicht verformt, die Augen sich zu Schlitzen zusammenziehen, sein ganzer Körper ins Schlingern gerät und zu beben beginnt. Er lacht aus vollem Herzen. Seine Fans stimmen in das Lachen ein, lassen sich anstecken. Manche schütteln sich geradezu.

Eigentlich geht mir diese Dalai-Lama-Euphorie, dieses Anhimmeln des buddhistischen Popstars, ein bisschen auf den Geist (was etwas über meinem Geist erzählt), aber nun beginne auch ich zu grinsen, dann geräuschvoll zu giggeln. Mir fällt ein, dass die Satirezeitung *Titanic* dem Dalai Lama den Titel »Schmunzelmonster« verliehen hat. Irgendwie trifft es das ganz gut. Der Ozean der Weisheit verfügt über Macht, ist umstritten, zeigt Kraft und ein außergewöhnliches Schmunzeln. Einige fühlen sich von ihm bedroht, wie die Demonstranten vor dem Kongresszentrum mit ihren Plakaten, die in Sprechchören *»Dalai Lama. Stopp lie!«* – »Hör auf zu lügen« kundtun.

Davon ist hier drinnen nichts zu hören. Ich genieße es, für einen Moment zu entspannen, denn die buddhistische Philosophie ist ein harter Brocken. Mich erstaunt, wie viele Menschen so aufmerksam den Interpretationen des Dalai Lama folgen. Ich wundere mich außerdem über mich, weil ich ihm trotz des Dalai-Lama-Hypes so gerne zuhöre. Er ist eben nicht nur ein besonderer buddhistischer Lehrer, sondern dazu ein begnadeter Rhetoriker, wechselt behände zwischen An- und Entspannung.

Nach Beendigung der Lachpause spricht er weiter über die Buddha-Natur, über einen Urzustand der Freude, der in allen Wesen zu finden ist. Schon grinst er wieder, erntet vielfaches Zurückgrinsen und beweist, wie gut damit positive Kommunikation gelingt.

»Mein liebstes Hobby? Lachen!«

Dalai Lama

Mit der Freude am lustvollen Lachen ist der Dalai Lama in guter Gesellschaft. Zahlreiche tibetisch-buddhistische Lehrer lieben es, sich vor Lachen zu kugeln. Sogyal Rinpoche, Autor des Bestsellers *Das tibetische Buch vom Leben und Sterben* und Lehrer des tantrischen Buddhismus, verwendet gerne eine Trillerpfeife, um sein Publikum wach zu halten und sich über die erschreckten Gesichter köstlich zu amüsieren. Ich erlebte ihn bei einem Vortrag, bei dem er auf einem alten Bürostuhl saß, sich beim und vor Lachen im Kreis drehte, um zur Freude des Publikums damit fast umzukippen. Ringu Tulku Rinpoche, Lehrer eines buddhistischen Zentrums in Berlin, liebt es, sein Publikum mit Witzen zu unterhalten.

Auch Lehrerinnen und Lehrer anderer buddhistischer Traditionen schätzen den Wert des Lachens. Der australische Mönch Ajahn Brahm beginnt seine *Dharma*-Talks mit Anekdoten und sagt lachend von sich: »Ich bin nicht *Theravada*- oder *Mahayana*-, ich bin ein *Haha-yana*-Buddhist.« (*Theravada* und *Mahayana* sind unterschiedliche Traditionen im Buddhismus.) Bernard Glassman, amerikanischer Zen-Meister, nimmt gerne Unterweisungen bei einem Clown-Lehrer. Ayya Khema, eine Berliner Jüdin, die im »Dritten Reich« emigrierte, später buddhistische Nonnenorden in Sri Lanka und im Allgäu gründete und meinen buddhistischen Weg nachhaltig beeinflusste, erfreute ihre Schüler mit trockenem Berliner Humor.

Lang ist die Liste spaßbegabter Lehrer, für die Humor eine Haltung ganz im Sinne des Buddhismus ist. In allen buddhistischen Traditionen wird gelacht. Wie viel, das hängt zum einen vom individuellen Humorpotenzial der Meister und Adepten ab; zum anderen von den unterschiedlichen Regeln innerhalb einer buddhistischen Richtung, die die Lust am Komischen bestimmen.

Warum lachen viele Buddhisten so gerne? Warum gibt es andererseits Buddhisten, die dem Frohlocken wenig abgewinnen können?

Doch zunächst: Um was geht es eigentlich im *Dharma*, der Lehre, die vor rund 2500 Jahren von einem verkündet wurde, der Ehefrau, Sohn und Eltern verließ, um nach der Wahrheit zu suchen? Zuerst einmal um einen friedvollen Geist und ein mitfühlendes Miteinander. Vielleicht werden Sie einwenden, das sei ein bisschen wenig: Es drehe sich doch um Erleuchtung, Meditation, Karma, Leerheit, Buddha-Natur, Befreiung aus *Samsara* etc. Doch ein in sich ruhender

Geist und die liebevolle Verbindung zu sich und anderen ist Basis für inneren und äußeren Frieden und damit für das Erwachen aus der Welt der Illusionen, wie Buddha es formulierte. Dies bedeutet nicht, dass kontrollierte, gefühllose Zombies das Ziel sind und aufwühlende Emotionen wie Lust, Freude, Wut, Zorn verwerflich wären. Auch sie gehören zum Repertoire menschlicher Ausdrucksweisen. Allerdings ist die Frage, wie man auf sie reagiert und mit ihnen umgeht.

Dass Lachen der Gesundheit und dem Miteinander zuträglich ist, mag für viele mittlerweile eine Binsenweisheit sein. Doch auf unserer Erde gibt es Kulturen, in denen Lachen stark reglementiert und nur ein Humor zugelassen wird, der den Herrschenden genehm ist. Humor darf die höchsten Autoritäten dann nicht auf die Schippe nehmen, sprich, sie weder kritisieren noch lächerlich machen. Im buddhistischen Thailand wandert man zum Beispiel ins Gefängnis, wenn man über den König lacht oder gar einen Witz über ihn reißt. Hier herrscht wie in zahlreichen anderen buddhistischen Kulturen eine traditionelle Hierarchie, in der Lehrer, Meister, Rinpoches und Lamas über einfachen Mönchen stehen, diese wiederum über Nonnen und alle zusammen über Laien. Dieses Machtgefüge kann Lachen und Humor erschweren, denn beide werden verdächtigt, Hierarchien infrage zu stellen.

Insbesondere in Regionen Indiens und Ländern wie Pakistan, Saudi-Arabien, Iran etc. gilt das Lachen der Frau als …

GONG! – Der Achtsamkeitsgong erklingt auf meinem PC. Ein tiefer Atemzug. Was erlebe ich gerade? Ich will jetzt kein Gewahrsein üben, ich will schnell weiterschreiben und ich muss noch einkaufen. Mist! Drei Atemzüge habe ich mir vorgenommen. Einatmen. Ausatmen. Ich höre das Autohupen auf der Straße, es riecht nach – nichts. Ich schmecke – nichts. Was sehe ich? Die Farben der Icons auf meinem

Desktop. Sind mir eigentlich noch nie aufgefallen: orange, blau, grün, schön bunt. Staub auf dem Monitorrahmen. Muss ich mal wieder sauber machen. Wie fühle ich mich? Angespannt. Atmen. Entspannung. Eigentlich schön, so zu schreiben. Weiter!

… anstößig. In Indien prallt die Lust am Lachen auf ein patriarchalisch dominiertes Kastensystem, doch hat Lach-Yoga dazu beigetragen, dass Frauen in öffentlichen Parks laut, lustvoll und herzhaft lachen dürfen. Generell existiert in Religionen ein Misstrauen gegenüber dem Lachen, denn im Gegensatz zum milden Lächeln gilt es als derb und unkontrollierbar. Gerade deshalb entwickelt es eine Kraft, die heilsam sein kann. Es vermag Konzepte der Menschen von sich selbst und der Welt ad absurdum zu führen und das kann wehtun. »Dem Lachenden ist nichts heilig«, heißt es, auch nicht das Lachen. Wenn ich als Suchender auf absolute Sicherheit hoffe und deshalb meine Identität mit einer Lehre gleichsetze und untrennbar verbinde – und das kann im Buddhismus wie in allen Religionen passieren –, so können mich Witze und Lachen verletzen. Auch das gehört zum Buddhismus: das Knirschen der Konzepte in der Maschine der Wiedergeburt bewusst wahrzunehmen.

Was beim Lachen geschieht, erforscht eine noch recht junge Wissenschaft, die Gelotologie. Nach dem griechischen Wort *gelos*, Lachen, benannt, untersucht sie Lachen und dessen Auswirkungen auf Körper, Seele und Geist. Zunächst lässt sich feststellen: Lachen entspannt. Das zeigt sich beispielsweise beim Dalai Lama, für den das spaßvolle Vibrieren eine wirkungsvolle Entspannungsübung ist, die darüber hinaus noch das Publikum unterhält.

Ehe wir das näher untersuchen, fragen Sie sich selbst: Wann habe ich herzhaft gelacht?

Übung: Herzhaft gelacht

Vielleicht haben Sie einen guten Witz gehört? Oder Sie haben eine Situation erlebt, die komisch war. Vielleicht hat ein Comedian Sie zum Lachen gebracht. Vielleicht haben Sie sich an ein eigenes Missgeschick erinnert.

- Versuchen Sie, sich die Situation mit möglichst vielen Details vorzustellen:
- An welchem Ort war ich?
- Habe ich alleine oder mit jemand gemeinsam gelacht?
- Wie stark habe ich gelacht? Eher moderat? Oder so, dass sich mein Körper geschüttelt hat? Hatte ich vielleicht sogar einen Lachanfall?
- Wie lange habe ich gelacht?
- Wie habe ich mich dabei gefühlt? Habe ich mich frei gefühlt, Freude empfunden, Spaß gehabt, mich mit jemandem verbunden gefühlt?
- Oder war mir mein Lachen peinlich? Habe ich jemanden gestört?
- Wo habe ich das Lachen gespürt? Im Bauch, in der Brust, im ganzen Körper?
- Und wie ging es mir danach? War ich entspannt, vielleicht sogar erschöpft? Wie lange hielt die Wirkung an?

Versuchen Sie, die Gefühle, seien es positive oder negative, noch einmal nachzuempfinden. Atmen Sie tief ein und fühlen Sie, wie die Freude sich wieder aktivieren lässt.

Nach dem ersten Termin eines buddhistischen Humor-Workshops kam eine Teilnehmerin auf mich zu und sagte, sie fände die Idee ja ganz nett, Humor zu üben. Aber bei ihr würde das nicht funktionieren. Seit ihr Vater schwer krank sei und sie ihn pflegen würde, könne sie eigentlich überhaupt nicht mehr lachen. Außerdem fände sie alle Comedians im Fernsehen einfach nur platt. Witze könne sie sowieso keine erzählen.

Ich fragte: »Was hat Sie dann bewogen, bei einem Humor-Workshop dabei zu sein?«

»Ich will ja wieder lernen zu lachen«, sagte sie fast verzweifelt.

Da erwiderte ich, dass es hier weniger darum ginge, kurzfristig etwas lustig zu finden, wobei dies auch schön sei. Vielmehr sollten die Teilnehmenden ihre grundlegenden Humorressourcen entdecken und damit eine humorvolle Haltung entwickeln. Das ließe sich allerdings nicht erzwingen. Sie schaute mich ziemlich enttäuscht an und ich versuchte es mit folgendem Witz:

Ein junger Mann suchte einen Zen-Meister auf. »Meister, wie lange wird es dauern, bis ich Erleuchtung erlangt habe?«

»Vielleicht zehn Jahre«, antwortete der Meister.

»Und wenn ich mich besonders anstrenge, wie lange dauert es dann?«, fragte der Schüler.

»In dem Fall kann es zwanzig Jahre dauern.«

»Ich nehme aber wirklich jede Härte auf mich. Ich will so schnell wie möglich ans Ziel gelangen«, beteuerte der junge Mann.

»Dann«, erwiderte der Meister, »kann es bis zu vierzig Jahren dauern.«

Immerhin, sie lächelte, kam zu den nächsten Terminen und durch Achtsamkeitsübungen entwickelte sie mehr Gelassenheit, sodass ihre Bereitschaft stieg, sich von lustigen Dingen überraschen zu lassen. Als wir uns Sketche von Monty Python anschauten, lachte sie schallend.

Übung: Buddha-Lachen

Eine Lach-Übung aus dem Lach-Yoga vereint tiefes Atmen mit Lachen.

Im Stehen legen Sie Ihre Hände in Bauchhöhe ineinander, die Füße stehen hüftbreit auseinander.

Heben Sie Arme und Hände vor ihrem Bauch bis über den Kopf und strecken Sie sie so weit nach oben wie möglich. Dabei tief durch die Nase in den Bauch atmen.

Anschließend führen Sie die Hände seitlich am Körper nach unten und atmen dabei durch den Mund aus. Verbinden Sie das Ausatmen mit einem Lachen.

Das ganze drei Mal. Beginnen Sie mit einem leisen Lachen und steigern sie es, bis sie beim dritten Mal kräftig ausatmen und laut lachen. Das erfrischt, tut gut, stärkt die Lunge und hebt die Laune.

Was macht Lachen für Sachen?

»Lachen ist der Gesundheit zuträglich, denn es fördert die Verdauung.«

Immanuel Kant

Drei Male täglich lachen, morgens, mittags, abends! Der Philosoph Immanuel Kant nahm vorweg, was die Gelotologie heute bestätigt. Lachen hilft heilen. Aber warum und wie?

Zunächst ist Lachen nichts anderes als…? Atmen! Genauer gesagt: tiefes, rhythmisches Atmen. Sicherlich haben Sie schon einmal einen Lachanfall erlebt, sich vor Schmerzen den Bauch gehalten und sich danach über einen schönen Muskelkater gefreut. Am Lachen beteiligen sich eine ganze Menge Muskeln. Wenn Sie Ihren Sinn für Humor trainieren möchten, dann sollten Sie sich erlauben, mehr zu lachen. Und damit meine ich kein verschämtes Kichern, sondern lachen Sie herzhaft, damit der Körper so richtig durchgeschüttelt wird. Abgesehen davon, dass das Spaß und Freude macht, spannt man dabei die zahlreichen Muskeln an und entspannt sich danach besser.

Schon gewusst?

Wie viele Muskeln hat der Mensch?	656
Wie viele sind beim Lachen beteiligt?	ca. 80

Lachen hilft daher beim Abnehmen, und zwar viel gelenkschonender als Joggen. Durch intensives Lachen verringert sich der Muskeltonus, Muskeln und Gefäße entspannen sich. Dieser Effekt lässt sich noch eine Dreiviertelstunde nach einem Lachanfall messen. Ebenso sinkt der Blutdruck, denn die Entspannung erreicht selbst die winzigen Muskeln, die an den Blutgefäßen ansetzen. Einen Muskel beansprucht das Lachen besonders: das Zwerchfell. Also den Muskel zwischen Brust- und Bauchraum, der eben kein Zwergfell ist, sondern einer der größten Muskeln im Körper. Im antiken Griechenland sah man ihn als Sitz der Seele; sehr passend, da es bei heftigen Gefühlsregungen, wie dem Lachen und Weinen, durch kräftiges Ein- und Ausatmen in Bewegung kommt. Das Zwerchfell schwingt beim tiefen, schnellen Atmen bis zu zwölf Zentimeter auf und ab, knetet dabei die inneren Organe durch und unterstützt so die Peristaltik. Die meisten Menschen atmen nur oberflächlich, sodass sich das Zwerchfell nur etwa zwei Zentimeter bewegt. Tiefes Atmen aber versorgt zudem das Blut mit mehr Sauerstoff, weshalb wir uns anschließend erfrischt fühlen.

Bei einem richtigen Lachanfall passiert es mitunter, dass wir in die Hose pinkeln, da sich die Blasenmuskulatur entspannt. Sozusagen eine lustvolle Inkontinenz. Man verliert die Kontrolle, der Körper übernimmt das Kommando. Um einen Lachanfall zu beschreiben, sagt man auch: sich vor Lachen wegschmeißen, sich vor Lachen kugeln, vor Lachen nicht mehr können. Ja, man kann sich sogar kranklachen, wenn man gar nicht mehr aufhören kann. Dass man sich totlachen kann, ist allerdings ein Mythos, der als Folge von Foltermethoden entstanden ist. Dabei wurde den Delinquenten Salz auf die Fußsohlen gestreut, an denen Ziegen leckten. Das kitzelte zwar, aber wirklich gefährlich waren die Wunden, die durch das unablässige Lecken der rauen Ziegenzungen entstanden und zu tödlichen Infektionen führten. Wenn man jedoch gekitzelt und dabei festgehalten wird, kann Lachen zu Luftnot und Panikgefühlen führen. Darauf wies sogar Buddha hin und untersagte Nonnen und Mönchen sich gegenseitig zu kitzeln.

Lachen tritt in vielen Varianten auf, durchaus laut, hässlich, feucht bis nass, schmutzig, unberechenbar, störend ... Deshalb leuchtet ein, dass in vielen Kulturen, auch in buddhistischen, das lustvolle laute Lachen eher verpönt ist.

Maxi Biewer lacht das Wetter an

Erleben Sie doch mal einen Lachanfall. Im Internet findet sich der Ausschnitt aus einer RTL-Nachrichtensendung:

Das Video zeigt, dass mancher Lachanfall nicht mehr aufzuhalten ist. Denn er ist ein Reflex, sozusagen ein Nies-Lach-Anfall, der unserer Kontrolle entzogen ist. Die Wetterfee Maxi Biewer versucht in gewohnter Manier früh morgens die Wetterkarten zu präsentieren. Aber was geschieht? Statt der Wetterkarte wird versehentlich ihr Kollege eingeblendet; und der schnarcht selig. Völlig aus dem Konzept gebracht, reagiert sie beziehungsweise ihr Körper mit einem Lachanfall. Damit lösen sich der Schreck über das Malheur sowie die Anspannung, eine perfekte Wetteransage abliefern zu müssen.

(Bei YouTube und anderen Anbietern zu finden.)

Durch herzhaftes Lachen werden die kontrollierenden Gedanken außer Kraft gesetzt. Gleichzeitig Nachgrübeln und Lachen ist schwerlich möglich. Lacht man los, löst man sich von seiner Angst, wird ganz in den Augenblick des lauten, durchschüttelnden Lacherlebnisses katapultiert. Ähnlich, als würden Sie sich bei einer Meditation auf einen Reiz wie den Atem fokussieren. Von daher lässt sich mit Madan Kataria, Initiator des Lach-Yoga und Arzt, sagen: »Lachen ist eine laute Kurzmeditation!«

Wenn der Dalai Lama also lacht, macht er zugleich eine erfrischende Kurzmeditation. Er wechselt von der Ebene des spekulativen Denkens in eine körperliche Erfahrung. Damit fördert er seine Verdauung und die seiner Zuhörer. Diese Verdauung geschieht sowohl körperlich als auch psychisch, denn mit einem Lachen können innere Spannungen, Wut und Gereiztheit abgebaut werden. Durch die überraschende Pointe eines Witzes bekommt der innere Druck ein Ventil, Spannung wird blitzartig abgelacht. Energien werden frei und führen deshalb zu entspannenden Lustgefühlen. Für Sigmund Freud war Lachen deshalb Triebabfuhr. So lassen sich Aggressionen,

Zorn, aber auch Ängste für einen Moment abbauen. Beobachten Sie sich selbst beim nächsten kräftigen Lachen. Der Auslöser kann ein Witz oder eine komische Situation sein, die das logische Denken für einen Moment aushebeln und in einer Pointe einen neuen, überraschenden Sinn ergeben.

Das darauf folgende Zurück-in-den-Körper ist ein so simpler wie weitreichender Vorgang, den meditative Übungen gleichermaßen anstreben. Lachen befreit für einen Moment von Ängsten und Sorgen, denn sie haben ihre Ursache weniger in den Dingen selbst als in dem, was wir über sie denken, also in Beurteilungen, denen wir vorbehaltlos Glauben schenken. Lachen bietet einen Kurzurlaub auf einer Insel, bei dem Sie sich erholen. Dabei ist es sogar möglich, die körperliche Reaktion bewusst wahrzunehmen, also achtsames Lachen zu betreiben. Dann wird Lachen zu einer Achtsamkeits-Meditation, die richtig schön laut ist.

Übung

Stellen Sie sich vor, häufiger zu lachen.

- An welchen Orten wäre das möglich? Zuhause, am Arbeitsplatz, im Auto, auf dem Fahrrad, in der U-Bahn?
- Wen würden Sie damit stören? Was könnte passieren?
- Worüber könnten Sie häufiger lachen? Comedy-Shows, Komödien, Cartoons, Witze, Alltagskomik?
- Mit wem könnten Sie häufiger lachen? Mit Freunden, Eltern, der Partnerin, dem Partner, Kindern?

Es ist deutlich hörbar, dass Lachen und Lächeln sich unterscheiden. Lachen ist eine reflexartige Reaktion, bei der der ganze Körper in Bewegung gerät und mich so mitreißen kann, dass ich die Kontrolle über mich verliere. Lächeln kann ebenfalls ein Reflex sein, der sich aber weniger heftig entfaltet und kontrollierbar bleibt. Lächeln ist geräuschlos. Es bewegen sich nur wenige Gesichtsmuskeln, die den geschlossenen Mund zu einem Lächeln verformen. Lächeln kann ein Zeichen von innerer Freude sein, ebenso von Kontrolle oder Distanz. Insbesondere in asiatischen Kulturen demonstriert Lächeln eher Höflichkeit und Distanz als Freude.

> Der Dalai Lama besucht eine Pizzeria.
>
> Der Kellner kommt an seinen Tisch und fragt: »Welche Pizza möchten Sie?«
>
> Der Dalai Lama antwortet: »Eine mit allem!«

Sie finden das nicht besonders lustig? Dann geht es Ihnen wie dem Dalai Lama. Diesen Witz erzählte ihm der australische Moderator Karl Stefanovic während eines Live-Interviews vor Millionen von Zuschauern vor den Fernsehbildschirmen. Ziemlich ratlos starrte der Dalai Lama den Moderator an. Dieser war verblüfft, dass das berühmte schallende Lachen seiner Heiligkeit ausblieb, wiederholte den Witz und versuchte, sich selbst dabei zu amüsieren. Sein Gegenüber, noch immer ratlos, bemühte den Übersetzer, der ihm gequält grinsend den Witz ins Tibetische übersetzte. Wieder kein Lachen. Nun kam der Moderator richtig ins Schwitzen und versuchte sich in Erklärungen. Endlich zeigte der Dalai Lama ein Lachen, mitfühlend. Weniger, weil ihn der Witz amüsierte, sondern weil die Situation nun selbst komisch und für den Moderator tragisch war. Erleichtert stimmte dieser mit ein. So entspannte sich die Situation wieder – mit einem gemeinsamen Lachen.

Gelacht und gelächelt wird aus unterschiedlichsten Gründen. Die meisten Erwachsenen lachen nur noch selten. Wissenschaftler der Universität Maryland haben erforscht, dass Erwachsene durchschnittlich etwa zwanzigmal pro Tag lachen.

Babys und Kinder tun dies weitaus häufiger, oft ohne einen Auslöser zu brauchen. Gegrinst und gegrient wird einfach aus der Freude heraus, am Leben zu sein und Neues zu entdecken. Von den zwanzig Lachern erwachsener Probanden beruhen nur etwa vier Lacher auf etwas Lustigem. Der größte Teil allen Lachens und Lächelns ist eine Form der Kommunikation, die außer Freude ebenso Langeweile, Verlegenheit und Aggression signalisiert. Wir merken sehr genau, ob Lächeln und Lachen von Herzen kommen. Sind sie ein echter Ausdruck der Freude, wird der Augenringmuskel aktiviert, der auch Muskel der Freude heißt und die Augen zu Schlitzen zusammenzieht. Deutlich erkennt man das bei unserem Studienobjekt, dem tibetischen Schmunzelmonster.

Lach-Übung

Lachen Sie sich doch mal im Spiegel an. Die positive Wirkung dieser Übung ist wissenschaftlich gut belegt. Vielleicht ist Ihnen das peinlich? Sie sehen nur Lachfalten und ein entstelltes Gesicht. Ihre Umwelt nimmt das anders wahr. Psychologen haben festgestellt, dass derjenige, der lächelt, jünger und sympathischer wirkt. Also haben Sie Mut zu lachen! Und: Studien bestätigen, dass regelmäßiges herzhaftes Lachen die Muskeln im Gesicht ähnlich entspannen kann wie eine Botox-Injektion. Schade eigentlich, denn wo bleiben da die Lachfalten?

Wenn ich mich morgens im Spiegel anlache, verbessert sich mit hoher Wahrscheinlichkeit meine Stimmung. Das muss kein lautes Lachen sein, ein nettes Lächeln hilft genauso. Denn das eigene Lachen steckt an und sorgt für positive Gefühle. Lachen. Einatmen. Ausatmen. Und vielleicht abends noch einmal mit Zahnbürste im Mund?

Wie sagt ein afrikanisches Sprichwort: Lachen reinigt die Zähne!

Ohne Virus – ansteckend

»Manchmal lächeln wir,
weil wir glücklich sind.
Aber manchmal sind wir glücklich,
weil wir lächeln.«

Thich Nhat Hanh

Ein weiterer Effekt lässt sich beim Ozean der Weisheit beobachten. Sein Lachen steckt an und schafft so eine Verbindung zwischen ihm und dem Publikum – und den Zuschauern untereinander. Das ist eine ganz besondere Wirkung gemeinsamen Lachens. Wenn wir über einen Witz oder eine Situation lachen, entsteht Empathie, sogar für Menschen, die uns fremd sind. Wir teilen etwas, die Freude. So wie geteiltes Leid halbes Leid ist, so kann sich Freude verdoppeln.

Die Ursache finden Wissenschaftler in den Spiegelneuronen, Nervenzellen, die durch Betrachten und Hören eines emotionalen Ereignisses im prämotorischen Cortex aktiviert werden. Untersuchungen zeigen: Wenn wir eine Situation beobachten, zeigen die Spiegelneuronen Erregungsmuster, die jenen ähneln, die sich einstellen, wenn wir die Situation selbst erleben. Das heißt, oftmals kann man gar nicht anders als mitlachen, obwohl überhaupt nichts lustig ist. Bestimmt haben Sie erlebt, wie Sie gemeinsam mit jemandem lachen und einfach nicht aufhören können, weil das Lachen des anderen immer wieder Ihr eigenes Lachen aktiviert, bis der Bauch schmerzt. Das Verhalten des anderen wird gespiegelt. Verbindung und damit Anteilnahme und Empathie werden aufgebaut und signalisieren: Du brauchst keine Angst vor mir zu haben.

Ich kann mich sogar selbst mit einem Lachen anstecken. Dieser Effekt wird *Motion creates emotion* genannt – Bewegung erzeugt Gefühle. Bestimmte Bewegungen rufen Gefühle hervor, wie beim Joggen oder Tanzen. Normalerweise setzt man Gefühle wieder in Bewegung um.

Betrifft es das Gesicht, wird dieser Effekt *Facial Feedback* bezeichnet. Ich finde etwas lustig, ein Gefühl der Freude entsteht, das Lachen schüttelt meinen Körper, mein Gesicht verformt sich. Das kann zu heftigen Emotionen führen, bei denen Lachtränen fließen. Die Tränendrüsen werden über das vegetative Nervensystem angeregt. Diesen Teil des Nervensystems kann ich, genauso wie Herzschlag und Atmung, nur begrenzt beeinflussen. Tränen signalisieren Entspannung.

Der Effekt lässt sich auch in der umgekehrten Richtung initiieren. Ich bringe den Körper durch ein künstliches Lachen in Bewegung, Gefühle werden ausgelöst, woraus echtes Lachen und echte Freude entstehen können. Dies macht sich das Lach-Yoga zunutze.

Es reicht, nur die Mimik zu verändern, um Freude oder Groll entstehen zu lassen. Probieren Sie es aus.

Übung: Facial Feedback

Wie unterschiedlich die Mimik unser Befinden beeinflusst, lässt sich leicht mit einem Stift testen.

Sie wollen eher ernst drauf sein?

Legen Sie den Stift über die Oberlippe und halten Sie ihn im Gleichgewicht, indem Sie ihn unter die Nase klemmen. Gar nicht so einfach. Was ist die Folge? Die Mundwinkel bewegen sich nach unten.

Was fühlen Sie in den Augen, um den Mund herum? Wie glauben Sie, dabei auszusehen? Wohin bewegen sich die Augenbrauen? Runzeln Sie die Stirn? Warten Sie ein wenig. Wie verändert sich Ihre Stimmung?

Sie wollen besser drauf sein?

Klemmen Sie den Stift zwischen Ihre Zähne. Die Mundwinkel wandern nach oben. Was fühlen Sie in den Augen, um den Mund herum? Warten Sie ein wenig. Wie verändert sich Ihre Stimmung?

Durch Aktivierung der Muskeln, die die Mundwinkel nach unten oder oben ziehen, erhält das Gehirn ein Signal. Gehirnareale, wie das Glückszentrum, werden beim Hochziehen der Mundwinkel stimuliert und senden Impulse an weitere Nervenzentren, die dann das Zwerchfell in Bewegung versetzen. Also: Hin und wieder am Schreibtisch einen Stift zwischen die Zähne klemmen, wird Sie erheitern.

Buddha lacht – oder?

»Am Lachen erkennt man den Narren.«

Aus China

»Klar«, werden Sie jetzt vielleicht sagen, »ich habe Buddha doch kürzlich lachen sehen, beim Vietnamesen oder beim Thailänder.« Bestimmt meinen Sie diese wohlgenährte, goldene Figur, die herzhaft lachend dargestellt und als »Lachender Buddha« bezeichnet wird. Sie lacht in groß oder klein aus Restaurants und Geschenkshops, selbst Banken machen damit Werbung. Die wenigsten wissen, dass es sich um Hotai handelt, einen Bettelmönch, der im 10. Jahrhundert durch China gezogen sein soll. Sein Name (japanisch: *Hotai,* chinesisch: *Budai*) bedeutet so viel wie Jutesack und bezieht sich auf den Beutel, den er mit sich trug.

Einmal wurde Hotai von einem Zen-Meister gefragt: »Was ist die Bedeutung des Zen?«

Hotai schwang seinen Sack über die Schulter und ging lachend weg.

Das Reden war wohl kaum Hotais Sache. Die einen sagen, er habe gestottert, sei eingeschlafen, sobald er hinfiel, und habe in seinem Jutesack gesammelte Almosen getragen, die er an Kinder weiterverschenkte. Die anderen sagen, er sei ein hochgebildeter Zen-Meister gewesen und habe in seinem Beutel die überlieferten Texte getragen, die er nicht mehr brauchte und bei Gelegenheit verschenkte. Wie auch immer, sein Lachen drückt innere Freude aus und die Buddha-Natur jenseits der Worte.

In der Zen-Tradition wird Hotai als Bodhisattva gesehen, ein Wesen, das selbst schon erleuchtet ist, aber aus Mitgefühl nicht in das Nirvana eingeht, sondern anderen Menschen zur Buddhaschaft verhilft. Er steht für die Fähigkeit, sich in andere Lebewesen hineinzuversetzen, zu erkennen, dass alle das gleiche Schicksal teilen: Freude, Glück, Leid, Alter, Krankheit, Tod. Sein Lachen ist Ausdruck des Anfängergeistes, der sich von Konzepten befreit, immer wieder in das nicht-urteilende Gewahrsein zurückfindet und staunt. Aus dieser Sicht kann das Leben ziemlich komisch wirken, denn die Menschen sind ja schon erleuchtet, sie merken es nur nicht. Traurig und lustig zugleich. Damit wird das Lachen Ausdruck von Erkenntnis, vom Durchbruch zur Erleuchtung, von den Zen-Buddhisten *Satori* genannt.

Und wie ist es nun mit Buddha selbst?

Als junger Königssohn erleidet Siddhartha einen Schock, als er zum ersten Mal in seinem Leben eine Ausfahrt außerhalb des Palastes unternimmt und sieht, welch unermessliches Leid existiert. Noch nie war er dem Schmerz alter, kranker und sterbender Menschen begegnet. Er stellt sein gesamtes Leben infrage und verlässt Eltern, Frau und Sohn, um herauszufinden, wie man dem Leid entkommen könne. Er schließt sich vedischen Yogis an, verweigert jegliche Nahrung, meditiert wochenlang in sengender Sonne, hängt sich mit dem Kopf nach unten an Äste und schläft auf Leichenfeldern, bis er selbst dem Tod nahe ist. Doch all das bringt ihn nicht weiter.

Nach Jahren dieser Praxis erinnert er sich, wie er als kleiner Junge im Schatten eines Baumes gesessen und den Frieden in der Meditation erlebt hatte. Kein Zwang hatte dahinter gestanden. Es hatte ihm Freude bereitet und ihn in einen Zustand der inneren und äußeren Stille gebracht. Siddhartha sucht daraufhin den Schatten eines saftigen Feigenbaums auf und beginnt nach all der Zeit der Anspannung wieder freudvoll zu lächeln. Er erkennt, dass der Weg zur Befreiung weder in der Kasteiung noch im Überfluss liegt, sondern in der Mitte. Dabei ist er zu geschwächt, um Nahrung finden oder darum bitten zu können. Eine junge Frau sieht ihn fast verhungert unter dem Baum sitzen, empfindet Mitgefühl und schenkt ihm eine Schale Milchreis. Siddhartha isst, gesundet, beginnt zu meditieren, findet inneren Frieden und erlangt unter dem Bodhi-Baum die Erleuchtung. Er wird zum Buddha, zum Erwachten. Er hält seine erste Lehrrede, kehrt zu seiner Familie zurück und bittet sie, ihm in die Wälder zu folgen, um dort mit ihm zu meditieren. So erlangen auch seine Stiefmutter, seine Frau und sein Sohn die Erleuchtung.

Die Freude spielt auf dem buddhistischen Weg eine große Rolle. So hat Buddha geraten: »Seid ihr über Dinge erfreut, so genüge euch ein bloßes Lächeln… Seid heiter, Mönche, strebt dahin, wo Erwachen zu finden ist.« Es gibt zwei Kunstwerke, die ein Lächeln darstellen, das die Menschen immer wieder bewegt: Das Bild der Mona Lisa und die Buddha-Statue im thailändischen Wat Pho. Die Statue stellt einen liegenden Buddha im Moment seines Todes dar, ihr Lächeln die entspannte Geste beim Eintritt ins Nirvana. Buddhas letzte Worte sollen gelautet haben: »Wohlan, alle Dinge sind unbeständig. Strebt weiter, achtsam! Seid euch selbst ein Licht.«

Buddha wird in Skulpturen häufig mit einem feinen Lächeln dargestellt. In den Suttas des Pali-Kanons finden sich Geschichten, die von diesem Lächeln berichten. Buddhisten interpretieren es als Ausdruck einer natürlichen, angeborenen höchsten Freude, die zum Vorschein kommt, wenn wir in Verbindung mit unserer Buddha-Natur treten.

Doch wie sieht es mit dem lustvollen Lachen aus? Ist es vorstellbar, dass der würdevoll lächelnde Erwachte sich wegschmiss vor Lachen, in die Hosen pinkelte, nicht mehr konnte? Nun, Sie ahnen bestimmt den Konflikt zwischen der Würde eines religiösen Oberhauptes und der Anarchie des Lachens.

»Als Geheul, ihr Mönche, gilt in der Ordenszucht des Heiligen das Singen, als Wahnsinn das Tanzen, als kindisch das unpassende Lachen mit aufgerissenem Mund … Die Menschheit lacht in Wahnes Lust, Vollendete sind frei von Wahn.«

Buddha

Dieses Zitat aus dem Pali-Kanon mag Sie überraschen. Jedenfalls hat es mich verblüfft, als ich es das erste Mal las. Wie kann das sein? Lachen als kindisch? Wir kichern lustvoll im Wahn der Ich-Illusion. Das klingt alles andere als lach- und genussfreundlich, wie wir es vom Dalai Lama kennen. Doch auch der wird skeptisch gegenüber einem unpassenden Lachen sein, das einen Menschen in böser Absicht verspottet und erniedrigt.

In den Augen Buddhas schien aber generell dem lustvollen Lachen eine Gefahr innezuwohnen. Die Mönche und

Nonnen der *Theravada*-Tradition folgen den überlieferten Worten Buddhas. Ungehaltenes Lachen widerspricht dem Ideal der innerlich wie äußerlich disziplinierten Menschen, die in einer buddhistischen Ordensgemeinschaft leben und körperliche Erregung ausschließen – also neben Sex, Alkohol und Drogen auch Lachen und Albernheiten. Diese Dinge bergen laut Überlieferung für Buddha die Möglichkeit des Anhaftens. So erkannte der Erleuchtete, dass Lachen sexy machen kann. Die erotische Wirkung des Lachens wird zur Versuchung und damit als hinderlich für den Erleuchtungsweg beurteilt. Ebenso ergeht es Spaßmachern, die sich über andere lustig machen und ihr Publikum zum Lachen bringen. Diesen droht laut Buddha eine Wiedergeburt in niederen Existenzen, denn ihr Lachen könne andere verletzen oder Lust- und Überlegenheitsgefühle erzeugen, denen sie anhaften und dadurch die Ich-Illusion stärken, die ja aufgelöst werden soll.

Die Erleuchtung sollen sich Mönche und Nonnen durch Erkenntnis und Übungen ernsthaft erarbeiten. So sagte Buddha zu den Ordinierten, das Anhaften an der Sinnenwelt, wie auch an der Lust des Lachens, sei auf dem Weg zur Erleuchtung hinderlich. Wichtig sei, sich zu bemühen und fleißig zu sein, wenn notwendig in Tausenden von Inkarnationen.

Lachen kann laut Buddha sogar tödlich sein. Einige Mönche hatten andere Mönche gekitzelt und so heftig zum Prusten gebracht, bis einem Mönch die Luft wegblieb und er erstickte. Deshalb verbot Buddha die körperliche Berührung, außer sie werde »nicht spaßeshalber« begangen.

Und so ist keine Begebenheit überliefert, in der Buddha einen Lachanfall bekam oder lautes Lachen gutgeheißen hätte. Lächeln ja, Lachen nein.

Wie immer bei derartigen Überlieferungen stellt sich die Frage, was Buddha wirklich gesagt hat. Sind bestimmte Zitate vielleicht von lachfeindlichen Mönchen in den Kanon eingefügt worden, so wie es im Christentum geschah? Oder hat sich jemand verhört? Bekanntlich beginnen die Suttas mit der Einleitung: »Also habe ich gehört…«, und nicht: »Also habe ich gesagt…« Jemand hat gehört, was Buddha sagte und es weitererzählt. Zunächst wurden die Texte mündlich weitergegeben. Erst ab etwa 80 vor unserer Zeitrechnung wurde damit begonnen, Suttas aufzuschreiben. Das gilt natürlich für alle überlieferten Zitate, die von Buddha stammen sollen. Vielleicht merkte er deshalb in weiser Voraussicht immer wieder an, man solle seinen Worten nicht blind folgen, sondern sie prüfen.

Gibt es also keinerlei Hinweise darauf, dass Buddha gelacht hat? Doch.

Im Zen-Buddhismus heißt es: »Wenn du dem Buddha begegnest, töte ihn!« Damit ist nicht der historische Buddha Shakyamuni gemeint, sondern der Buddha in unserer Vorstellung. Dieser stellt nach Meinung der Zen-Lehrer wie alles andere auch ein Konzept dar, oft eine Projektion unserer Wünsche und Anhaftungen und die gilt es, loszulassen. So könnte man auch umgekehrt formulieren: »Wenn du dem Buddha nicht begegnest, erschaffe ihn.« Und genau das machen die verschiedenen buddhistischen Schulen.

Dabei wird auch das Lachen des Buddhas unterschiedlich gedeutet. Im *Mahayana*-Buddhismus verändert sich das Bild von der historischen Person zu einem überweltlichen, in manchen Traditionen geradezu engels- und gottähnlichen Buddha. Seine Worte wenden sich dieser Interpretation entsprechend nicht mehr in erster Linie an Mönche und Nonnen, sondern an alle Wesen. Aus dem körperlichen, lustvollen Lachen wird hier ein transzendentes Lachen, frei von Gier und Leidenschaften. Sphärisches Lachen als Ausdruck reiner Freude. In einem Geist, der bereit ist, die Buddha-Natur zu realisieren, kann Erleuchtung in einem Augenblick und völlig überraschend geschehen und sich in einem befreienden Lachanfall ausdrücken.

»Der Buddha lachte wie ein Löwenkönig.
Dabei strahlte Licht aus dem Haarbüschel zwischen
seinen Augenbrauen, aus seinen Rippen und Lenden.«

Lankavatara-Sutra

Das Lachen wird hier mit strahlendem Licht in Verbindung gebracht und drückt aus, was geschehen kann: Die Welt hellt sich auf und erscheint in einem ganz anderen Licht. Und so ist das lustvolle Lachen für Buddhisten auf dem *Mahayana*- und auch für jene auf dem *Vajrayana*-Weg, wie beispielsweise der Dalai Lama, kein Widerspruch zu der Lehre. Für sie ist Buddha zwar auch eine historische Figur, doch vor allem Symbol für die Buddha-Natur, die wiederum die höchste Freude verkörpert.

Lachen – nein danke!

»Nicht durch Zorn,
durch Lachen tötet man.«

Friedrich Nietzsche

Das werde ich nie vergessen. In der dritten Klasse unternehmen wir einen Schulausflug an einen kleinen See im Wald. Wir schnitzen einen Stock, spießen Würstchen darauf und grillen sie im Lagerfeuer. Ich bin begeistert, freue mich, als ich genussvoll in das fertig gebrutzelte, fettige, schwarze Etwas beiße. Plötzlich merke ich, die anderen starren mich an, tuscheln, grinsen. Die Mädchen kichern blöd. Was ist los? Habe ich was im Gesicht? Instinktiv will ich es wegwischen, streiche über mein Gesicht, doch da geht das Gepruste erst richtig los. Alle lachen, sie lachen mich aus. Ich blicke auf meine Finger. Sie sind kohlschwarz. Und mein Gesicht wahrscheinlich ebenso. Ich wische wieder. Lautes Wiehern. Ich renne zum See, um mein Spiegelbild zu sehen, aber das Wasser ist nur eine braune Brühe und ich kann mein Gesicht nicht erkennen. Geschockt renne ich weg, hocke mich unter einen Baum, Tränen kullern. Ich bin gestorben.

Über das Missgeschick eines anderen zu lachen, bedeutet nicht automatisch, ihm Schaden zu wünschen. Das erste Lachen ist ein Reflex, der nur schwer zu kontrollieren ist. Er entsteht aus dem Schreck über ein Missgeschick und die erste Reaktion ist Anspannung aus Mitleid. Wenn wir erkennen, der verunglückten Person ist nichts passiert, löst sich die Anspannung, Energie wird frei und entlädt sich in einem lustvollen Lachen. Erst wenn ich dann die Entscheidung treffe, trotz oder gar wegen des Schmerzes des anderen weiterzulachen, wird das Lachen zu einer Angriffswaffe, die jemandem schadet.

Buddhas Reserviertheit gegenüber dem Lachen resultierte zum einen aus der Erfahrung, dass es Spaß macht und man es deshalb immer wieder haben möchte. Warum dieser Drang, Dinge festzuhalten und sie zu wiederholen, für Buddha einen negativen Beigeschmack hatte, darauf kommen wir noch zu sprechen. Zum anderen wusste auch er, dass Lachen verletzen kann und damit dem Mitgefühl entgegensteht. Ausgelacht zu werden ist ein schmerzliches Erlebnis; der Ausgelachte fühlt sich bloßgestellt und schämt sich. Daraus kann die Angst entstehen, andere mit dem eigenen Lachen zu verletzen. Oft sind Menschen deshalb sehr gehemmt, vor allem wenn hinter ihren Ängsten der innere Zwang steht, bloß alles richtig machen und perfekt funktionieren zu wollen.

Die Furcht ist berechtigt. Schadenfreude und Witze auf Kosten anderer wirken oft gefühllos und kalt. Lachen kann zwar verbinden, aber ebenso Distanz herstellen. Es lohnt, genauer hinzusehen.

Vermutlich wurden alle in ihrer Kindheit schon einmal ausgelacht. Bei so manchem entwickelt sich daraus eine Beschämung, die irgendwann eine Lachhemmung aktiviert. Mit der Bindungstheorie haben Psychologen ein Konzept aufgestellt, das besagt, der Mensch möchte einerseits frei sein, andererseits sucht er nach Sicherheit. Zwischen diesen Polen bewegen sich Individuen zeitlebens. Das gilt auch für die Erfahrungen mit dem Lachen. Lachen befreit. Einerseits. Andererseits macht es einsam, wenn sich andere dadurch gestört, verunsichert oder sogar lächerlich gemacht fühlen. Der Lachende oder der Belachte finden sich dann schnell an den Rand einer Gruppe gedrängt.

Ein Beispiel sind auch Narren, die es in buddhistischen und vielen anderen Traditionen gibt und mit denen wir uns noch näher beschäftigen werden.

Für manche Menschen hat sich aus dem Lachen ein Trauma entwickelt. Sie leiden unter einer Gelotophobie, einer besonderen Angst, ausgelacht zu werden und durch eigenes Lachen lächerlich zu wirken. Ursache ist eine psychische Störung. Forscher an der Universität Zürich haben erforscht, dass elf Prozent der deutschsprachigen Bevölkerung sich fürchten, von anderen ausgelacht zu werden. Sie beziehen fast jedes Gelächter auf sich. Wenn in einem Café am Nebentisch gelacht wird, vermuten sie automatisch, über sie werde gelacht. Gelophobiker haben darüber hinaus Probleme, die unterschiedlichen Arten von Gelächter zu unterscheiden: Freundliches Lachen hört sich für sie genauso an wie schadenfrohes Lachen. Als Ursachen vermutet man, dass Gelophobiker in ihrer Kindheit massiv der Lächerlichkeit preisgegeben wurden oder Eltern das Lachen des Kindes nicht erwiderten und dem Kind die allgemeine Erfahrung fehlt, dass Lachen verbindet.

Der Psychotherapeut Michael Titze geht dabei von einer tiefliegenden Urscham aus, ungeliebt zu sein. Für ein Baby bedeutet abgelehnt zu werden, sterben zu müssen, denn es kann sich nicht alleine versorgen. Beim Babyschwimmen mit meiner Tochter forderte die Anleiterin uns auf, zu lächeln und zu lachen, weil unsere Sprösslinge glauben, wenn Mama und Papa lachen, ist die Welt gut und in Ordnung. Das Wasser im Gesicht also auch. Im Grunde fühle ich als Erwachsener noch ähnlich. Wenn die anderen freundlich lächeln oder lachen, mich dabei einbeziehen, dann scheint alles gut.

Buddha sagte: »Es gibt Leid, aber niemand, der leidet.« Damit meinte er das Konzept des Nicht-Ich, die Vorstellung, dass kein Ich existiert. Also, wen sollte ich auslachen können? Und wer könnte mich auslachen? Wenn es doch kein Du und kein Ich gibt?

Im Zen-Buddhismus sind Witze beliebt, die durchaus schmerzhaft sind und sich über Adepten und Meister lustig machen. Dahinter steht die Erkenntnis, sogar Ausgelachtwerden kann heilsam sein – es hilft nämlich, aufzuwachen, das Ego zu spüren und bewusst wahrzunehmen. Dann wird auch Lachen ein Weg der Mitte. Was zählt, sind die Absicht und innere Haltung, aus Empathie heraus zu handeln.

Kleine Übung für zwischendurch

Machen Sie doch mal eine Pause.
Atmen Sie bewusst tief ein.
Und bewusst wieder aus.
Halten Sie inne.
Fragen Sie sich: Was erlebe ich gerade?

4.
Buddhismus – Pfad zum Humor

»Mit Philosophen muss man sprechen, wenn sie Zahnschmerzen haben.«

Mark Twain

Aus buddhistischer Sicht entsteht das Komische aus dem Widerspruch, dass alle Phänomene keine eigene inhärente Existenz besitzen, wir sie aber trotzdem und immer wieder bierernst nehmen. Dies mit Augenzwinkern zu durchschauen und voller Mitgefühl für andere und sich selbst anzunehmen, macht buddhistischen Humor aus. Er geht mit heiterer Gelassenheit einher, denn wer erkennt, dass wir alle Teil eines großen Spiels des Geistes sind, in dem nichts Bestand hat, kann selbst im Tragischen und Schweren das Leichte entdecken. Manchmal gelingt das sofort, manchmal nach einer gewissen Zeit, manchmal überhaupt nicht…

In diesem Kapitel geht es nun um diese grundlegende Gegensätzlichkeit, die aus buddhistischer Sicht das Leben bestimmt. Der Ungereimtheit zwischen Illusion und jener Wirklichkeit, die Buddhisten als wahre Natur des Geistes bezeichnen. Aufgrund von Verblendung bleibt sie verdeckt und wird als *Samsara* erlebt, also leidvoll im Kreislauf der Wiedergeburten. Um das besser zu verstehen, machen wir einen Ausflug in die buddhistische Lehre von der Leere.

Wieder einmal geht es nur zentimeterweise voran. Der Feierabendverkehr verstopft die Straßen. Trotzdem gibt sich etwas in mir der Illusion hin, es sei weniger schlimm, als es aussieht. Heute ist es aber richtig schlimm. Ich bin mit meinem Auto auf dem Weg zu *Metta,* der wöchentlichen Achtsamkeits-Meditation der liebenden Güte in meinem buddhistischen Stammzentrum. Dabei meditieren wir über Mitgefühl, das wir für andere und uns selbst entwickeln wollen, sogar für Zeitgenossen, für die man gerne die Straßenseite wechselt. Ich schätze diese Meditation sehr, denn grundlegende Güte zu üben, stärkt den Sinn für Humor. Das Gefühl, mit anderen Wesen verbunden zu sein, lässt mich deren Verhalten mit mehr Leichtigkeit und Freude annehmen.

Allerdings nur, wenn ich nicht an einem eisigen Winterabend auf der dreispurigen Stadtautobahn im Stau stecke. Wie so oft bin ich zu spät und gerade heute scheint die ganze

Stadt zur *Metta*-Meditation zu wollen. Dagegen wäre nichts einzuwenden, ich finde, es sollten sich sowieso viel mehr Menschen in der Entwicklung liebender Güte, *Metta* genannt, üben. Aber muss das heute sein? Das wird knapp, denke ich mit Blick auf die Uhr. Heute werde ich freudvoll und gelassen eintreffen. Also kontaktiere ich meinen Atem, nehme einen tiefen Zug, atme dann achtsam ein- und aus. Ich weiß ja, alle Erfahrungen sind relativ und stehen in Abhängigkeit zueinander, es ist ein ewiges Spiel von Ursache und Wirkung. Nichts ist absolut, nichts bleibt, und ich bin überzeugt, dieser Stau weiß das auch und richtet sich danach. Anstatt mich in wütenden Emotionen zu verstricken, wechsle ich schnell mal die Perspektive: Ich sitze hier im Warmen, die Heizung funktioniert und ich liege nicht fiebergeschüttelt im Bett. Wunderbar! Ich kann mich glücklich schätzen, dass ich überhaupt im Stau sitze und nicht stehe, ein Auto habe, anstatt zu Fuß gehen zu müssen, und dass der Tank voll ist. Ich stelle mir vor, wie intelligente Autos der Zukunft einen Staukoller bekommen, die Nerven verlieren, sich anhupen, anrempeln und aufeinander losfahren. Doch mein Fahrzeug schnurrt auch im Stehen brav vor sich hin. Ich genieße die Freiheit zu denken. Mein Geist amüsiert und beruhigt sich.

Leider geht es trotzdem kein Stück schneller vorwärts. Vielleicht dauert ausgerechnet dieser Stau ewig und ist unvergänglich? Also studiere ich mit der Haltung des Anfängergeistes meine Umwelt: Faszinierend, so viele Autos so dicht hintereinander. Versuchte man, ein solches Arrangement durch Einparken hinzubekommen, würde es Tage dauern. Ich entdecke die wundervollen Brauntöne des verdorrten Wintergrases in kunstvoller Kombination mit dem rußgeschwärzten Eis am Fahrbahnrand. Neben mir telefoniert ein rauchender Autofahrer, schreit und gestikuliert so wild herum, dass seine Fensterscheiben beschlagen. Beeindruckend, wie er das schafft, gleichzeitig zu telefonieren und zu rauchen! So ein Stau ist wie geschaffen, sich in liebender Güte zu üben.

Interview mit Sylvia Wetzel

Was ist für dich Humor?

Solange man glaubt, man kann das Leben verstehen und in den Griff bekommen, braucht man keinen Humor, denn man weiß ja Bescheid. Erst wenn es eng wird und die Schale der vernünftigen und lebensklugen Person Risse bekommt, scheint die wilde Weisheit des Humors durch. Wer Recht hat, lacht selten. Wer weiß, wer schuld an der Misere des Lebens ist, lacht auch selten, sondern schimpft oder jammert eher. Wer weiß, dass das Leben komplex ist und man es nicht völlig in den Griff bekommt, lacht über sich und andere… Vor allem über sich.

An welche lustige Episode auf deinem buddhistischen Weg erinnerst du dich besonders gerne?

Es war in meinem zweiten Zen-Retreat, als ich zum ersten Einzelgespräch zu meiner Zen-Meisterin kam. Man soll sich dreimal verbeugen, seinen Namen nennen und seine Übung. Bevor ich den Mund öffnen konnte, sagte Roshi zu mir: »Ich heiße Sylvia Wetzel, und ich kann über alles einen Vortrag halten.« Wir haben beide sehr gelacht, und dann meinte sie: »Das ist sehr gut, dass du das kannst, vor allem dann, wenn du wirklich verstehst, worum es geht«. Diese Art von Humor mag ich sehr.

Was bewirkt Humor?

Wenn man einmal kapiert hat, dass wir uns eigentlich nur einbilden, alles wissen und kontrollieren zu können, dann hört man nicht mehr auf zu lachen. Wenn du verstehst, alles entsteht aus unfassbaren Tiefen, dann fängst du an zu kichern. Es ist ein Lachen über sich selbst. Wofür habe ich mich die ganze Zeit angestrengt? Immer dieses innere Kämpfen: Das soll ich nicht denken und das auch nicht. Immer dieses Ringen, das Ringen mit überzogenen Ansprüchen und das Ablehnen von Unvollkommenheit. Wenn man das immer wieder sieht, muss man über sich lachen. Das haben mir meine tibetischen Lamas beigebracht.

Setzt du Humor auch ein?

Ich finde es sehr wichtig, Emotionen nicht zu unterdrücken, aber Situationen so zu überziehen, bis mir ein Licht aufgeht. Das kann zum Beispiel so aussehen, wenn ich mich über jemanden ärgere und denke: »Das ist so eine blöde Kuh, die ist so unzuverlässig, so geschwätzig, was soll ich bloß machen, denn ich muss mit ihr zusammen arbeiten«, dann übertreibe ich das innerlich. Ich laufe alleine in der Wohnung rum und erzähle mir, wie blöd diese Person ist: »Sie ist die allerblödeste Frau, die ich je in meinem Leben getroffen habe«. Indem ich es übertreibe, verstehe ich nach ein paar Minuten, sie ist eben nicht die blödeste Frau der Welt. Es gibt bestimmt auch welche, die noch blöder sind. Und sie ist ja nicht nur blöd, denn einiges macht sie eigentlich ganz gut…

Gibt es einen Witz, den du besonders magst?

Mullah Nasruddin rutscht auf den Knien unter einer Laterne umher und sucht etwas. Sein Freund ruft: »Mullah, was suchst du denn?« Er sagt: »Meinen Hausschlüssel.« Der Freund fragt: »Wo hast du ihn denn verloren?« Er sagt: »Dort hinten an der Mauer.« Der Freund fragt: »Und warum suchst du dann hier unter der Laterne?« Er sagt: »Weil es hier hell ist, dort hinten sehe ich doch nichts.«

Die Publizistin, Autorin und Meditationslehrerin Sylvia Wetzel spricht und schreibt über Buddhismus und unterrichtet seit 1986 Entspannung, Meditation und Buddhismus. Mit ihrer Art der Reflexion von kulturellen Bedingungen und Geschlechterrollen ist sie eine Pionierin des Buddhismus im Westen.

Invest in impermanence ...

»Investiere in die Vergänglichkeit,
Sie ist das Einzige, was Bestand hat.«

Sogyal Rinpoche

Buddha formulierte die These, dass sich alles, was wir mit unseren Sinnen erleben, auflösen wird. Ich selbst werde mich also auflösen, ebenso dieser Stau – hoffentlich in umgekehrter Reihenfolge. Dies ist eines der drei Merkmale des Daseins:

Die drei Daseins-Merkmale

1. Alle Phänomene sind zusammengesetzt und deshalb vergänglich.
2. Es gibt keinen festen Kern, kein Ich, kein Selbst.
3. Alle zusammengesetzten Phänomene sind letztlich leidvoll.

Dass alles, was wir mit unseren Sinnen wahrnehmen, vergänglich ist, scheint genauso offensichtlich zu sein wie schwer zu verstehen. Viele Veränderungen vollziehen sich zu langsam für die menschliche Wahrnehmung. Auch wenn die Welt nicht so scheint, war Buddha der Auffassung, alles, was wir sehen, hören, wahrnehmen, denken, fühlen etc., besitzt weder einen eigenen Kern noch kann es alleine bestehen. Dinge sind ständig in Bewegung, sie entstehen und vergehen. Sie sind Wirkung von etwas anderem und Ursache für etwas anderes.

Da alles voneinander abhängig ist, sprach Buddha von »Entstehen in Abhängigkeit«. Phänomene, Menschen, Wesen sehen scheinbar stabil aus, sind jedoch zusammengesetzt und zerfallen, wenn sich die Ursache- und Wirkungsfaktoren grundlegend verändern. Daher gibt es für Buddha keine Seele, denn diese wird von deren Verfechtern als statisch, als Kontinuum gedacht. Das Konzept des Nicht-Ich ist eines der herausragenden Erkenntnisse der buddhistischen Philosophie und unterscheidet sie von anderen Glaubenssystemen. Unterstützung bekommt sie von der modernen Physik, die zeigt, dass auf subatomarer Ebene kein kleinstes Teilchen zu finden ist, stattdessen das Wechselspiel aus Materie und Energie, aus Form und Bewusstsein.

Für mich sind die Konzepte des Nicht-Ich und des bedingten Entstehens wie eine Offenbarung. Wenn ich im Stau stecke, kann ich fragen: Wer trägt die Schuld? Die Baustelle, die die Autos auf eine Fahrbahn quetscht? Die Bauarbeiter, die eine Pause machen, sich in aller Ruhe unterhalten und mit süffisantem Grinsen ihr Werk, den Stau, bewundern? Nicolaus August Otto, der den Verbrennungsmotor erfunden hat? Bei genauerem Hinsehen sind es unendlich viele Faktoren, die zusammenkommen. Im Grunde finden sich keine isolierten Ursachen für ein Ereignis. Was ich nicht erkenne, sind die Bedingungen, die zusammenkommen müssen, damit dieses Ereignis stattfinden kann. Meine Wirklichkeit ist ein unendliches Geflecht aus Ursachen und Wirkungen.

Wenn ich den Bauarbeiter zornig anfunkle, muss ich mich fragen: Wo finde ich denn die Person, auf die ich sauer bin? Ist es seine Körperhaltung, sein Mund, sein Denken, seine Hand? Ebenso kann ich mich selbst fragen: Wo ist der, der gerade wütend ist? Ist es mein Gehirn, mein Denken, mein Gesicht, meine Stimme? Man wird keine befriedigende Antwort finden. Trotzdem trage ich die Verantwortung für mein Handeln, andernfalls wäre das buddhistische Weltbild ein fatalistisches. Da kein Wille eines allmächtigen Gottes existiert, muss jeder selbst für sein Tun einstehen. Obwohl alles auf Ursache und Wirkung beruht, hat doch jeder insofern eine Entscheidungsfreiheit, als er zwischen heilsamen und schädlichen Handlungen wählen kann. Trotzdem beruhen Entscheidungen auf Ereignissen und Bedingungen in der Vergangenheit. All das nimmt etwas den Druck heraus, andere Menschen für das eigene Leid verantwortlich machen zu müssen, vorausgesetzt, man hat die Distanz, sich auf diese Gedanken einzulassen.

Angesichts des Staus wird mir wieder klar:

Alles ist leer und Nichts ist lustig!

»Das, was in Abhängigkeit entsteht, nenne ich leer.«

Nagarjuna

Da Dinge und Ereignisse keinen dauerhaften Kern besitzen, bezeichnete Buddha sie als »leer«. Er soll vor Freude gelächelt haben, als er dieses Weltenprinzip entdeckte. Mit dieser Philosophie legte er sich im 6. Jahrhundert vor unserer Zeitrechnung mit vedischen Priestern an, die an die Existenz von Atman, einer unzerstörbaren individuellen Seele glaubten und wenig erfreut über Buddhas Thesen waren.

Aus der Erkenntnis, dass alles leer ist, entwickelte sich der Begriff *Shunyata,* übersetzt Leerheit. Wie dieser zu interpretieren sei, dazu entwickelten die philosophischen Strömungen des Buddhismus unterschiedlichste Konzepte. *Shunyata* ist eine Umschreibung für etwas, das sich nur schwer in Worte fassen lässt, etwa: Das Fehlen eines konstanten Seins im steten Wandel der Existenz. Für den logischen Verstand nur schwer ergründbar, gilt die Leerheit deshalb als das, was nicht vergänglich ist – weil sie eben leer ist; leer von der Spaltung in Subjekt und Objekt. Damit lässt sich behaupten, *Shunyata* wohne das Potenzial aller Möglichkeiten inne. Es ist zugleich nichts und alles.

Sie könnten also auf *Shunyata* bauen und gelassen das Spiel von *Samsara* betrachten und genießen. Hier gilt es, einem Missverständnis vorzubeugen: *Shunyata* bedeutet nicht »Nichts« im Sinne eines Vakuums oder leeren Raumes, es ist kein Gegensatz zu »etwas« oder zu »voll« und damit kein nihilistischer Begriff. Vielmehr wird es als etwas umschrieben, das keine Eigenschaft hat (was im Grunde auch eine Eigenschaft ist) und deshalb unvergänglich ist.

Wozu soll ein solch kompliziertes Konzept gut sein? Es hilft, zu entspannen und eine humorvolle Haltung zu bewahren, denn ich weiß, dass sich alles, auch der Stau, in dem ich gerade stecke, ändern wird. Vielleicht ändert es sich langsamer, als ich gerne hätte, aber sicher ist eines: Dass nichts bleibt, wie es ist. Auch nicht vorstehender Satz, auch nicht vorstehender Satz etc.

Mein Blick schweift von der Windschutzscheibe zum Rückspiegel. Langsam werde ich unruhig. Die Autos verharren wie festgenagelt. Wie immer, wenn ich Stress aufkommen fühle, versuche ich, innezuhalten und Gewahrsein zu üben. Für mich ist es einer der pragmatischsten Vorschläge, die Buddha machte, sich zu fragen: Was sehe, höre, rieche ich etc.? Was erlebe ich gerade? – Viele Autos, fast alle in Silber, nur ein rotes. Abgase. Surren des Ventilators. Ungeduld! Angespanntheit! Hitze! Und vor allem Rückenschmerzen. Ich kann einfach nicht mehr sitzen und will aussteigen. Was sehe ich? Eine Baustelle, die uns auf eine Spur zwingt. Eine Ampel mit unendlicher Rotphase. Wie schön! Ich kann wirklich froh sein, dass sie nicht auch noch diese letzte Spur dicht machen. Wenn ich zu spät komme, komme ich zu spät. »Warum soll ich mich aufregen? Dann muss ich mich ja wieder abregen, und das ist mir zu anstrengend«, meint der Dalai Lama.

Ich warte also hier, bis es endlich weitergeht, aber es geschieht – nichts. Genau das lässt mein Herz höher hüpfen, denn es ist das Wertvollste, was sich Buddhisten schenken können.

Frage: »Was schenken sich Zen-Buddhisten zum Geburtstag?«
Antwort: »Nichts!«
An seinem Ehrentag sagt der Beschenkte: »Ach, danke, du bist so gedankenlos, mir so was Bedeutungsloses zu schenken. Danke!«
Darauf der Schenkende: »Da nicht für!«

Das Nichts ist doch etwas Großartiges. Es ist ja immer noch »etwas«, nämlich »nichts«. Ich kann beispielsweise von nichts etwas verstehen, im Dunkeln nichts sehen – und wie sagte der Mathe-Lehrer beim Austeilen der Klassenarbeiten: »Das war mal wieder nichts. Aus dir wird einfach nichts.« Ich habe gerne und mit viel Hingabe nichts gelernt. Hätte ich damals schon etwas über den Buddhismus gewusst, hätte ich mich darüber freuen können.

Allerdings sind manche Buddhisten der Meinung, dass man sich das Nichts nicht schenken könne. Sie halten diesen Witz schlichtweg für eine Irreführung, denn für sie ist *Shunyata* eben nicht Nichts, sondern Leerheit, aber keinesfalls leer im Gegensatz zu voll. So habe ich Buddhisten erlebt, die Schreikrämpfe bekamen, weil man ihrer Meinung nach, nie, absolut nie, *Shunyata* mit Nichts übersetzen dürfe. Das sei purer Nihilismus und bringe den ganzen Buddhismus in Verruf. Lustig, wie man sich über eine falsche

Interpretation eines nicht-interpretierbaren Begriffs so aufregen kann.

Übung

Versuchen Sie doch, nur zum Spaß, das nächste Mal, wenn Sie auf jemanden wütend sind, die Philosophie des Nicht-Ich anzuwenden:

Beispielsweise wenn Sie beim Bäcker muffelig abgefertigt werden, kein Guten Tag, kein Bitte, kein Danke, kein Auf Wiedersehen. Wir reagieren Sie? Wahrscheinlich not amused, klar! Sie können aber auch einen tiefen Atemzug nehmen und sich fragen: »Auf was bin ich denn jetzt wütend? Klar, auf den Verkäufer! Aber gibt es das wirklich, was ich Verkäufer nenne? Ich sehe zwar den Körper und erlebe, wie er mich behandelt. Aber wer ist er? Ist es der Mund, der so unfreundlich ist, seine Zunge und seine Stimmbänder, die die Sprache erzeugen? Oder sein Gehirn? Oder die Hand? Oder ist es vielleicht der letzte Kunde, der unfreundlich zu ihm war? Seine Freundin, mit der er die Nacht verbracht hat?

Bei genauerer Betrachtung werden Sie nur eine von Ihrem Geist gefertigte Konstruktion einer Person finden, auf die Sie nun sauer sind. Genauso richtig wäre die Meinung, dass es tausende Ursachen gibt, die zum bedingten Entstehen und der Wirkung führen: unfreundlich.

Und das Gleiche gilt für Sie selbst. Wen hat er denn muffelig behandelt? Mich. Aber wo finde ich mein Ich? Waren es meine Ohren, die das gehört haben? Mein Denken, das urteilt: unfreundlich? Mein Gedächtnis, das sich daran erinnert, dass alle Verkäufer heute schlecht drauf sind?

Vielleicht denken Sie nun: Was für ein Aufwand. Da bin ich lieber sauer. Das geht schneller und das bin ich gewohnt. Auch gut (solange Sie kein Sturmgewehr abfeuern).

Lustig ist es auch, wie ich mich trotz der Gewissheit der Veränderung über den Stau aufrege. Darüber sollte ich eigentlich lachen können. Humor kommt, wie wir bereits feststellten, von dem lateinischen *umor,* flüssig. Humor bringt etwas zum Fließen. Humorlosigkeit bedeutet, es ist etwas gestaut, wie in einem Stau. Also warum sich nicht darüber amüsieren? Schließlich sitze ich nicht nur in einem VW Golf, sondern in einem viel größeren Fahrzeug, dem Buddhismus.

Kleine Fahrzeugkunde

»Nichts ist unmöglich!«

Toyota

Wenn Buddhisten über die unterschiedlichen Strömungen und Traditionen sprechen, bezeichnen sie die dazugehörige spirituelle Praxis als Fahrzeug. Buddha passte seine Lehre an die Typen der Zuhörer an und so entwickelten sich verschiedene Fahrzeugtypen. Die jeweilige Tradition befördert den, der sie befolgt, zur Erleuchtung, etwa so wie ein Auto seine Insassen ans Ziel bringt.

Angenommen, Sie möchten ein Auto kaufen, wissen aber nicht so recht, für welches Sie sich entscheiden sollen, dann lohnt es sich, die verschiedenen Typen zu vergleichen. Im Buddhismus stehen Ihnen drei Haupt-Fahrzeugmodelle, *Yanas,* zu Verfügung:

Da wäre zunächst das Fahrzeug der ältesten Schüler, *Shravakayana* mit dem bekannten Modell *Theravada* (südlicher Buddhismus). Manche sagen zu diesem Fahrzeug auch *Hinayana,* kleines oder geringes Fahrzeug, was abwertend klingt und deshalb von den Theravadins nicht gerne gehört wird. *Shravakayana* ist das Basis-Modell mit der längsten Tradition, von Buddha selbst konstruiert, seit vielen Jahrhunderten bewährt und bietet Freude durch angenehme Bedienung. Sie können vom Gang »ruhiges Verweilen« (*Shamatha*) zur »Einsichtsmeditation« (*Vipassana*) schalten. Hinzu kommt eine Betriebsanleitung mit Vier Edlen Wahrheiten (siehe hierzu das nachfolgende Kapitel). Ein einzelner Fahrersitz reicht völlig aus, denn mit dem Fahrzeug *Shravakayana* kümmern Sie sich erst einmal um die eigene Fahrt zur Erleuchtung. Es wird in einem schicken Orange- oder Senfgelbton angeboten, so wie die Roben, in denen viele Mönche und Nonnen unterwegs sind. Das Fahrzeug ist stabil konzipiert und für lange Ausfahrten ausgelegt. Manchmal bedarf es bis zum Fahrtziel, dem Nirvana, viele *Kalpas,* sprich Millionen von Jahren. Durch besonders mitfühlende Fahrweise kann es aber auch schneller gehen. Dabei hilft Ihnen das im Preis inbegriffene Navi mit den Karten des achtfachen Pfades, die detaillierte Route der vierten Wahrheit Buddhas (siehe nächstes Kapitel). Dieses Fahrzeug ist jedem zu empfehlen, der Stille schätzt und einen achtsamen Fahrstil pflegen möchte.

Das nächste Modell heißt *Bodhisattvayana,* das Fahrzeug der Bodhisattvas. Manche sagen auch *Mahayana,* großes Fahrzeug. Ich kann es Ihnen ans Herz legen, wenn Sie nicht alleine, sondern gemeinsam mit anderen Fahrgästen auf die Befreiung aller Lebewesen zusteuern wollen. Zu diesem Zweck verfügen Sie über viel Stauraum und bekommen ein ganz besonderes Navi, die Buddha-Natur. Näheres darüber erfahren Sie im Lotus-Sutra, das Sie auch über eventuelle Staus auf dem Laufenden hält. So wissen Sie zuverlässig, wo alles wieder leer ist. Ausstattungsextras: Drei goldene Buddhas als Kühlerfiguren, Armaturenschalter geschnitzt aus Buddhas Zähnen und eine kraftvolle Musikanlage für Mantra-Hits, die Sie während der Fahrt genießen dürfen. Die besonders sportliche Variante der *Mahayana*-Ausführung heißt Za-Zen und wird in schlichtem Edelweiß geliefert. Hier sind die Sitze sportlich hart ausgelegt und die Seitenfenster abgedunkelt, denn Zen-Buddhisten mögen keine Ablenkung, dafür rätselhafte Bedienungsanleitungen, Koans genannt.

Das dritte Modell der buddhistischen Produktreihe nennt sich *Vajrayana,* das Diamant- oder Tantra-Fahrzeug. Diese melodiösen Namen versprechen nicht zu viel. Das Fahrzeug ist ebenfalls sehr geräumig, für viele Mitfahrer konzipiert und empfehlenswert, wenn Sie gerne in geheimer Mission unterwegs sind und an anderen Fahrzeugen vorbeirasen wollen. Mit der Fahrstufe *»Short Drive to Highest Truth«* dürfen Sie in die Vollen gehen und auf dem Tacho die Erleuchtungsdrehzahl pro Minute genießen. Dass Ihnen kein Unfall zustößt, dafür sorgt ein erfahrener Chauffeur, Lama genannt, der gerne für seine Fahrkünste bewundert wird. Für Unterhaltung ist bestens gesorgt: Legen Sie Sand-Mandalas während der Fahrt, schlagen Sie Trommeln, hupen Sie mit Trompetenhörner oder rezitieren Sie endlos Mantras. Mit den komfortablen Liegesitzen werden Niederwerfungen während der Fahrt zum Vergnügen und das Navi lotst Sie mit Mahamudra zur höchsten Freude.

Welches Modell sagt Ihnen zu? In jeder größeren Stadt stehen Ihnen Fahrzeughäuser für eine Probefahrt zu Verfügung, desgleichen in ländlichen Gebieten. Noch ein Hinweis: Manchmal rümpfen die Fahrer des *Bodhisattvayana* die Nase über die Fahrer des *Shravakayana* – deren Vehikel habe veraltete Technik, sei viel zu langsam und ineffektiv. Dafür lästern diese über die Arroganz der Fahrer des *Vajrayana,* da sie sich angeblich für besondere Buddhisten halten, aber ohne Lama nicht auf die Straße trauen. Selbstverständlich ist beides leer.

Ist Leid lustig?

»Humor, ein Kristall, der nur in tiefen und dauernden Schmerzen wächst.«

Hermann Hesse

Das Rückgrat des *Dharma* sind die Vier Edlen Wahrheiten:

Die Vier Edlen Wahrheiten

1. Leben bedeutet Leiden.
2. Die Ursache des Leidens.
3. Es gibt ein Ende des Leidens.
4. Es gibt einen Weg, das Leid zu beenden.

Man kann sie als eine Art kleinsten gemeinsamen Nenner der verschiedenen buddhistischen Traditionen sehen. Sie sind das, was Buddha bei seiner Erleuchtung formulierte, Inhalt seiner ersten Lehrrede und vereinen einen Weg, den Geist zu kultivieren. Er stellte die These auf, dass es kein Leben ohne Leiden, *Dukkha,* gäbe. Der Begriff stammt aus der Sprache Pali, seine gängigste Übertragung ist »Leiden«. Den Inhalt seiner Lehre, der *Dharma,* beschrieb Buddha kurz und bündig.

»Nur eines lehre ich:
Das Leiden und das Ende des Leidens.«

Buddha

Aber ist das ganze Leben Leiden?

Natürlich nicht, meinte der Erwachte, es gibt Liebe, Mitgefühl, glückliche und freudvolle Momente, die es wert sind, genossen zu werden. Und manche Wesen hätten davon eine ganze Menge. Also könnte man ebenso gut das Gegenteil behaupten: Kein Leben ist ohne *Sukha*, Glück, Freude. Doch sowohl Leid als auch Glück sind keine Zustände, sondern Prozesse, die entstehen und wieder vergehen. In jedem Glücksmoment steckt der Samen für Leid, das Leben führt immer wieder zu leidhaften Erfahrungen – zwangsläufig. *Dukkha* gilt als ein Charakteristikum, das allen Phänomenen innewohnt und dem jedes Wesen, sei es Mensch, Tier oder Gott, unterworfen ist. Von daher lässt es sich besser mit »leidbehaftet« übersetzen, wobei das Leid in einer grundlegenden Unerfülltheit besteht.

Diese Unerfülltheit ist im Grunde die Folge von:

1. Ich will Dinge besitzen, die ich nicht habe.
2. Ich will Dinge loswerden, die ich habe.

   Daraus leitet sich die Variante ab:
3. Ich will Dinge behalten, die ich habe.

Mit »Dinge« sind alle Phänomene gemeint, Gegenstände, Gedanken, Gefühle, Wesen, Wissen etc. Das menschliche Denken beinhaltet den Wunsch, etwas für immer besitzen zu können, zum Beispiel die Lust, das Glück, die Gesundheit, also Beständigkeit zu finden. Diese Dinge zu besitzen oder sich von ihnen zu trennen, funktioniert jedoch nur für eine begrenzte Zeit. Gesundheit können wir beispielsweise nur für eine gewisse Zeit erhalten, den Alterungsprozess nie stoppen.

Buddha machte klar, nicht die angenehmen Gefühle sind das Problem, sondern unser Wunsch, diese mögen bleiben. »Alle Lust will Ewigkeit«, schrieb Nietzsche. Genau das stellt sich aber als unmöglich heraus. Daher werden selbst die angenehmen Gefühle leidvoll, sobald man sie festhalten will. Anstatt dieses Prinzip zu verstehen, haften wir der Überzeugung an, das Angenehme wie das Unangenehme seien von Dauer. Der eigentliche Grund für das Leid liegt also nicht in der Vergänglichkeit, sondern im anhaftenden Begehren, darin, dass wir etwas grundsätzlich Vergängliches behalten wollen, und nicht loslassen können. Die meisten Menschen erliegen der vollkommenen Identifikation, das heißt, sie schenken ihren Gefühlen, Gedanken, Wünschen absoluten Glauben. So erwächst aus dem Begehren die Begierde. Für Buddha ist über kurz oder lang jedes Wollen, jedes Habenwollen, Besitzenwollen, Loshabenwollen, zum Scheitern verurteilt – auch die Gier, unter allen Umständen erleuchtet zu sein.

Letztlich sind wir alle und immer wieder *Dukkha* unterworfen. Und im Grunde gibt es niemanden, der am individuellen Leid Schuld trägt – selbst wenn es oft danach aussieht. Die buddhistische Philosophie geht noch weiter: Es gebe Leid, aber im Grunde niemanden, der leidet. Zugegeben, das ist kaum zu verstehen. Natürlich fühlt man, dass man leidet, aber gibt es das Ich wirklich? Und wo bin ich und wenn ja, wo noch?

Diese erste Wahrheit vom Leiden ist für mich ein großer Trost beim Umgang mit chronischen Schmerzen und daraus resultierender Hoffnungslosigkeit. Der Buddhismus betont die Selbstverantwortung. Trotzdem ist es ein Naturgesetz, dass jedes Wesen immer wieder dem Leid begegnet. Es kann gar nicht anders sein. Wer das versteht, lässt vom Kampf gegen den Schmerz ab, lockert den Widerstand, um stattdessen den Schmerz in der Meditation zuzulassen, anzunehmen und leichter mit ihm Frieden zu schließen.

Buddha bietet eine Lösung an, die eigentlich ganz einfach und logisch klingt. Wenn wir die Ursache des Leidens abschaffen, die Gier und das Anhaften, wenn wir uns davon lösen, so gibt es kein *Dukkha* mehr. Das Ziel ist die Befreiung

– ein beruhigter Geist und das Nirvana. Mit welcher Vehemenz wir an den Dingen anhaften, ließe sich so als Paradox, als großer Witz betrachten. Wenn man das erkennt, kann ein großes Erleuchtungslachen hervorbrechen. Es ist Ausdruck der Erkenntnis, vergessen zu haben, dass alles ein Spiel des Geistes ist. Humor ist das Potenzial, etwas als lustig zu erleben. Er läuft auf das Paradox hinaus: Ich leide und beteilige mich doch selbst mit Hingabe daran, die Illusion zu kreieren.

Der Schmetterlingstraum

Einst träumte mir, Tschuang Tschou, ich sei ein Schmetterling. Hierhin und dorthin flatternd, war ich in jeder Hinsicht ein Schmetterling. Ich war mir meines Glückes nur als Schmetterling bewusst und ahnte nichts davon, dass ich Tschou bin. Bald erwachte ich, und da war ich nun wirklich wieder ich selbst.

Jetzt aber weiß ich nicht, war ich damals ein Mensch, der träumte, er sei ein Schmetterling, oder bin ich jetzt ein Schmetterling, der träumt, er sei ein Mensch.

Tschuang Tse

Der buddhistische Weg ist der Versuch, aus den Träumen, sprich Vorstellungen, zu erwachen. Die Erleuchtung kann als ein Vorgang beschrieben werden, bei dem man sozusagen nachhaltig erwacht ist. So lässt sich behaupten, Glück ist die Freiheit von Vorstellungen. Das sagt sich einfach. Wenn man die Kontrolle verliert, ist die Welt nicht mehr lustig, schließlich ist man mit ihr identifiziert. Dieses Anhaften kann aber sehr komisch sein. Genauso wie der Versuch, dem Anhaften zu entrinnen.

Ein älterer Mönch war allein im Tempel. Er warf sich zu Boden, schlug sich auf die Brust und murmelte: »Ich bin ein Nichts, ich bin ein Nichts, ich bin ein Nichts …«

Da betrat ein Novize den Tempel, sah den Mönch, kniete neben ihm nieder und stimmte ein: »Ich bin ein Nichts, ich bin ein Nichts, ich bin ein Nichts …«

Da kam ein Diener, um den Boden zu fegen. Und während er beim Fegen den Besen im Takt bewegte, murmelte er mit den anderen: »Ich bin ein Nichts, ich bin ein Nichts, ich bin ein Nichts …«

Der ältere Mönch stieß den Novizen an: »Schau, wer sich alles einbildet, ein Nichts zu sein.«

Auch das Nichts beziehungsweise dessen Konzept will man festhalten; man wünscht sich Gewohnheit, Sicherheit und Überlegenheit. Immer wieder vergessen wir, dass wir uns in einer Blase der Illusion bewegen, und nehmen deshalb vieles sehr ernst, zu ernst, insbesondere Regeln, die wir als Kompass und Haftpflichtversicherung in einem benutzen. Das zu verstehen ist eine der größten Herausforderungen des *Dharma* und fordert mehr als nur einen intellektuellen, mentalen Prozess. Vielmehr ist eine ganzheitliche Einsicht notwendig, die es mithilfe von Wissen, Ethik und Übungen zu erringen gilt.

Aber ist *Dukkha* nun lustig?

Wohl kaum.

Aber wie wir in den vorherigen Kapiteln gehört haben, kann das Anhaften komisch sein – mit einem gewissen Abstand betrachtet. Loriot drückte es so aus: »Komisch ist alles, was scheitert.« Im Scheitern etwas Komisches, also etwas Lustiges zu finden, ist eine große Aufforderung und zugleich ein probater Weg, Schmerz zu lindern. Denn Humor erwächst aus dem Leid.

Über das komische Spannungsverhältnis zwischen Illusion und Leerheit erzählt gerne Ringu Tulku. Er nennt sich selbst »Lazy Lama« und würzt seine Belehrungen gerne mit Anekdoten und Witzen. In einem Workshop habe ich die Gelegenheit, ihn über den Humor zu befragen:

Interview mit Ringu Tulku

Hatte Buddha Humor?

Ich bin sicher, Buddha war nicht nur ernsthaft. Wenn man die Dinge als vergänglich ansieht, kann man nicht nur ernsthaft sein.

Können Sie auch über sich selbst lachen?

Ich nenne mich den Lazy Lama, weil ich eine ganze Reihe sehr, sehr dünner Bücher geschrieben habe, die ich die Lazy-Lama-Series nenne. Wenn Menschen über sich selbst lachen können, sind sie entspannter. Das Leben ist leichter. Lachen ist ein Zeichen dafür, dass dein Geist glücklich ist. In den tibetischen Klöstern lachen die Leute gerne, erzählen Witze und sind meistens nicht sonderlich ernst.

Ringu Tulku Rinpoche ist Mönch und buddhistischer Lehrer aller vier tibetisch-buddhistischen Schulen des Vajrayana. Er flüchtete mit seiner Familie vor der Volksbefreiungsarmee nach Indien. Seitdem lebt er in Sikkim.

Ich erlebe zudem, wie er mit einem Witz sein Publikum zum Lachen bringt. Doch dieser Witz ist mehr als Amüsement, er setzt ihn als buddhistische Belehrung ein:

Ein Ehepaar, beide in den frühen Sechzigern, feiert den vierzigsten Hochzeitstag in einem romantischen, kleinen Restaurant. Plötzlich erscheint eine wunderschöne Fee und sagt: »Da ihr all die Jahre so liebevoll zueinander ward, will ich jedem von euch einen Wunsch erfüllen.« Die Frau antwortet: »Oh, ich möchte mit meinem Ehemann um die ganze Welt reisen.«

Die Fee schwingt ihren Zauberstab und peng, die Frau hält zwei Karten für die Queen Mary in der Hand.

Der Ehemann denkt einen Augenblick nach: »Na ja, das ist alles sehr romantisch, aber so eine Gelegenheit kommt nie wieder. Es tut mir leid, meine Liebe, ich wünsche mir eine Ehefrau, die dreißig Jahre jünger ist als ich.«

Die Ehefrau und die Fee sind tief enttäuscht, aber Wunsch bleibt Wunsch. So schwingt die Fee wieder ihren Zauberstab und peng, der Ehemann ist 92 Jahre alt.

Die Moral: Sei nie undankbar und vergesse nie, Feen sind weiblich.

Alle lachen. Und was macht Ringu? Er erzählt den Witz noch einmal. Das Publikum wundert sich, jedoch lachen einige, denn der Witz ist auch beim zweiten Mal noch lustig. Jedenfalls ein bisschen.

Was macht der Mönch? Er erzählt den gleichen Witz erneut.

Nun lacht keiner mehr. Es ist einfach nicht mehr lustig.

Und Ringu fragt: »Wenn ihr über den gleichen Witz nicht wieder und wieder lachen könnt, warum weint ihr dann, wenn ihr immer und immer wieder an die gleichen Sorgen denkt?«

Interessant, wie etwas Lustiges seine Wirkung verliert, wenn es sich wiederholt. Man kennt es, und wenn die Überraschung fehlt – gähn.

Bei Problemen scheint es genau umgekehrt zu sein. Das wiederholte Nachgrübeln macht eine Situation zwar nicht weniger leidvoll (im Gegenteil: Allein die Erwartung von etwas Schmerzvollen, beispielsweise eines Zahnarztbesuches, ruft Angst und Sorgen hervor), aber hinter dem Grübeln und Ausmalen von Schreckensszenarien steht die Hoffnung, eine Lösung zu finden und die Situation unter Kontrolle zu bekommen. Sich zu sorgen, gehört zu unserer Grundausstattung und ist ein Überlebensmechanismus. Über Lustiges nachzugrübeln, macht wenig Sinn, es wird dadurch kein bisschen lustiger. Gelacht und fertig.

Schon gewusst?

Untersuchungen zeigen, dass ein freudvolles Ereignis fünfmal stärker sein muss als ein trauriges, damit man eine ähnlich starke Emotion verspürt. Auf ein schmerzvolles Erlebnis müssen also fünf freudvolle Erlebnisse folgen, damit wir wieder im Gleichgewicht sind.

Zurück zum Stau: Ich bin einen Moment unaufmerksam. Als vor meinem Auto eine kleine Lücke entsteht, gebe ich instinktiv Gas. Aus dem Augenwinkel sehe ich einen Wagen neben mir heranziehen – einen Sekundenbruchteil vorher hat er anscheinend angesetzt, auf meine Spur zu wechseln. Ruckartig bremse ich ab, damit es nicht knallt. Um meinem Gefühl Nachdruck zu verleihen, haue ich auf die Hupe. Der Fahrer zeigt mir umgehend den Stinkefinger. Quietschen hinter mir, Hupen. Im Rückspiegel erkenne ich den beeindruckenden Kühlergrill eines Mercedes von der Größe eines Panzers. Ich bin eingekeilt. Der Stinkefinger ist eine besondere Herausforderung für Buddhisten. Ich weiß – jetzt wäre die Gelegenheit, *Metta* zu entwickeln. Irgendwie bin ich dazu aber nicht in Stimmung.

Ausatmen. Einatmen.

Der Fahrer kann ja gar nicht mich meinen, denn weder er noch ich besitzen ein Ich. Sowohl seines wie meines ist eine Konstruktion des Geistes, also wäre es völliger Unsinn, seinen Stinkefinger in irgendeiner Weise persönlich zu nehmen. Er meint mein Auto und mich als Fahrer – beides inexistent! Dumm nur, dass ich mich nun schuldig fühle, weil ich gehupt habe. Bestimmt hat der Typ, der mir den Stinkefinger gezeigt hat und gar nicht existiert, eine schwere Zeit. Ich überlege, auszusteigen, mich bei ihm zu entschuldigen und ihn zu umarmen. Aber mich jetzt zwischen die Autos wagen? Die Fahrer links und rechts sind imstande, einen Fußgänger mit einem Grinsen zu überrollen. Ich bin ein schlechter Buddhist. Ich bin gar keiner. Nun ärgere ich mich, dass ich mich ärgere. Buddhismus nervt! Wäre ich jetzt ganz normal, könnte ich mich in Ruhe aufregen.

Glücklicherweise fällt mein Blick auf etwas Rotes zwischen alten Kaugummis und Schokoladenpapierchen: Die Clownsnase, die ich immer dabei habe. Mein Anker, der mich an Karl Valentins Philosophie erinnern soll: »Alles hat drei Seiten, eine positive, eine negative. Und eine komische!«

Ich greife den roten Knubbel, knete den weichen Schaumstoff in meinen Fingern und stelle mir vor: Clownsnase aufsetzen, aussteigen, Auto abschließen und vor den Augen der anderen Autofahrer seelenruhig pfeifend davonschlendern. Den Leuten fallen die Augen raus, insbesondere dem Stinkefinger-Typ, er bekommt einen Schreianfall. Dann öffne ich die Tür seines Wagens: »Guten Tag, Sie haben aber einen hübschen Mittelfinger!« Er schaut mich verdutzt an. Ich grinse. Er grinst.

Bewusst einatmen, einerlei, ob es Auspuffgase sind. Bewusst ausatmen – Abstand gewinnen.

Ziemlich gelassen erreiche ich das buddhistische Zentrum, natürlich zu spät, dafür mit der Clownsnase in der Hosentasche. Ich versuche, die Tür leise zu öffnen und zu schließen. Drinnen ist es nicht gerade leer, um nicht zu sagen, voll. Niemand nimmt Notiz von mir. Ich setze mich und höre die geführte Meditation:

»Möge ich gesund sein, möge ich in Frieden leben, möge ich mich sicher und geborgen fühlen, möge ich glücklich sein.« Wunderbar!

5. Achtsam – mit Humor

*»Leben ist das, was passiert,
während du eifrig dabei bist,
Pläne zu schmieden.«*

John Lennon

Fünf Uhr dreißig, der Wecker schrillt. Ich schrecke hoch und donnere mit dem Kopf gegen den Holzrahmen des Hochbettes über mir. Immerhin: Ich bin erwacht! Obwohl ich nun schon einige Tage und Nächte in dem buddhistischen Kloster Plum Village zubringe, ist die Enge des Zimmers immer noch gewöhnungsbedürftig.

Das Bett über mir ist leer, mein Zimmernachbar, ein freundlicher Lehrer aus Washington, schon verschwunden. Die halbe Nacht habe ich damit zugebracht, mir irgendwas in die Ohren zu stopfen, um seinem Schnarchen, laut wie eine kanadische Kettensäge, zu entkommen. Schlaftrunken wanke ich jetzt im Halbdunkel mit schmerzendem Kopf zum Waschbecken, lese auf einem Schildchen neben dem Spiegel: *»Breathe in, breathe out. Smile!«*

»Ja doch«, denke ich, »hab verstanden!«

Meine gute Laune schläft noch, dabei bin ich doch in Plum Village, um Gewahrsein zu üben.

Der vietnamesisches Mönch Thich Nhat Hanh lehrt hier auf seine sanfte, freud- und humorvolle Art seit Jahrzehnten die Praxis der Achtsamkeit. Einmal hörte ich ihn berichten, wie er im Capitol in Washington einen Tag der Achtsamkeit abhielt und den Abgeordneten folgendes Erlebnis erzählte: Er habe ein Bild aufhängen wollen und sich dabei versehentlich mit dem Hammer auf den Daumen der linken Hand geschlagen. Sofort habe die rechte Hand den Daumen umfasst, um den Schmerz zu lindern. Das sei, so erklärte er den Politikern, eine instinktive Handlung von Achtsamkeit und Mitgefühl, also von Nicht-Diskriminierung, denn die rechte Hand habe nicht gesagt: »Ich bin wichtiger als du, weil ich den Hammer halten kann.« Oder: »Ich kümmere mich um dich und du solltest dafür dankbar sein!« Genauso wenig sage die linke Hand: »Du Idiot, warum schlägst du mich? Gib mir den Hammer, ich will Gerechtigkeit!« Die Politiker hätten amüsiert gelacht.

Vielleicht haben sie verstanden, was Thich Nhat Hanh sagen wollte: Wie sinnlos es wäre, wenn die linke Hand begänne, die rechte zu schlagen. Ebenso sinnlos sei es in der Politik, Vergeltung zu üben.

Ich taste mich über den Flur zur Toilette. Hier mahnt ein Schild in drei Sprachen: »Verunreinigt oder makellos. Diese Konzepte existieren nur in unserem Geist. Die Realität des Interseins ist unvergleichlich.«

Achtsames Pinkeln im Intersein. Angesichts dessen, dass wir die Toiletten selbst putzen dürfen, ein durchaus hilfreicher Hinweis. Das Konzept des Interseins drückt aus, dass nichts für sich allein existiert, alle sind mit allen und allem verbunden. Das hilft bei der Entwicklung liebender Güte. Später werde ich beim achtsamen Toilettenputzen gelbe, scharf riechende Pinkelspuren vom Boden schrubben und mich darüber freuen, welche Herausforderung das Intersein immer wieder zu bieten hat.

Ich wanke die schmalen Stufen des alten Gästehauses hinab, durch den Vorraum mit den Computern, über denen das Schild klebt: *»Breathe, you are online.«* Dies ist der ganz spezielle Humor in diesem Kloster, den ich zu schätzen gelernt habe. Für Thich Nhat Hanh ist die Übung der Achtsamkeit die Grundvoraussetzung, um Freude und Humor, Lächeln und Lachen zu entwickeln. Das ist ernst gemeint, aber nicht zu ernst.

Draußen empfangen mich der kühle Frühjahrsmorgen und die aufgehende Sonne. Sie wirft erste wärmende Strahlen auf das Grün der Bäume. Ich schleiche vorbei an Beeten mit knallrot leuchtenden Blumen vor der *Dining Hall*, in der es später Frühstück geben wird, erreiche die *Meditation Hall*, ein großes, schlichtes Holzgebäude mit flachem Giebeldach. Es ist bereits kurz nach sechs. Schuhe aus, am Eingang eine kurze Verbeugung vor der weißen Buddha-Statue, die außerhalb der Halle, im dichten Grün eines Gartens steht. Die Schlichtheit hat mich gleich für das

Zentrum eingenommen. Hier finden sich keine übergroßen, goldglänzenden Buddha-Statuen wie in Zentren des chinesischen Chan-Buddhismus und tibetischen Tantra-Buddhismus. Die Wege zu Buddha sind eben vielfältig.

Übung: Inne halten – nur ein Atemzug

Atmen Sie einmal langsam und bewusst ein, spüren Sie, wie der Atem durch die Nase fließt, den Hals hinunter in die Lungen und der Bauchraum sich weitet.

Spüren Sie dem kurzen Moment zwischen Ein- und Ausatmen nach. Diese Pause ist ein besonderer Moment, in dem alles zur Ruhe kommt. Der nächste Atemzug wird von ganz allein geschehen, ohne dass Sie irgendetwas tun müssen. Das ist Ausdruck der Lebenskraft und Grund für Freude und Dankbarkeit. Lassen Sie den Atem wieder ausströmen, nehmen Sie bewusst wahr, wie sich die Bauchdecke senkt und die Luft durch die Nase ausströmt.

Versuchen Sie ein Lächeln. Sie leben!

Untersuchungen zeigen, es besteht eine Verbindung zwischen den Muskeln, die wir zum Lächeln anspannen, und unserer Stimmung. Wir lächeln, wenn wir uns freuen. Aber wir können auch lächeln und dadurch unsere Stimmung verbessern. Das lässt sich leicht testen: Zeigen Sie ein Lächeln und versuchen Sie, gleichzeitig ein Gefühl von Neid, Missgunst, Zorn zu erzeugen.

Klappt das?

Plum Village besteht aus mehreren Klosteranlagen und wurde 1982 von dem vietnamesischen Mönch Thich Nhat Hanh in der südfranzösischen Dordogne gegründet, um Mönchen und Nonnen aus Vietnam eine neue Heimat zu geben. Ich residiere in einem winzigen Zimmer im Upper Hamlet, dem Kloster für Mönche, eine Siedlung auf einem Hügel, von dichtem Wald geschützt, mit Jahrhunderte alten, schiefen Steingebäuden und neu errichteten Wohnanlagen für Mönche, Mitarbeiter und Besucher. Es gibt einen Campingplatz für Familien mit Kindern, einen Teich mit Lotosblumen und natürlich eine riesige Glocke, Mittelpunkt jedes Zen-Klosters, die, mit einem schweren Holzamboss angestoßen, tiefe Gongs hinaus in die hügelige Landschaft schickt.

Etwa vierzig Mönche und ebenso viele Besucher und Laien haben auf den dunkelbraunen Matten in der *Meditation Hall* Platz genommen. Fast nur Männer, wie es sich für ein Mönchskloster gehört. Doch gibt es Ausnahmen und keinen Dogmatismus: An der Meditation dürfen Familien teilnehmen und so meditieren hier auch einige Frauen.

Dies sei, so berichtet mir der Mönch Phap Lai, immer wieder eine Herausforderung. Wenn Frauen im Sommer leicht bekleidet an der Geh-Meditation teilnähmen, kämen einige Mönche ins Schwitzen. Das Begehren mit achtsamem Geist wahrzunehmen, gehöre zum Geschäft eines Mönchs. Nonnen und Mönche haben sich dazu verpflichtet, in regelmäßigen Abständen Übertretungen der *Silas,* der Gebote für Mönche und Nonnen, zu beichten. Vergehen werden in der Gruppe diskutiert, um dem Mönch oder der Nonne die Möglichkeit zu geben, in Zukunft anders zu handeln. Manches bliebe unausgesprochen, wie beispielsweise eine Beziehung zwischen Nonne und Mönch, die gegen das Gebot der sexuellen Enthaltsamkeit verstoße. Letztlich müsse jeder vor sich selbst verantworten, wie er mit den Regeln umgeht.

Zwei buddhistische Wandermönche kamen an einen Fluss. Am Ufer stand eine junge Frau mit wunderschönen Kleidern. Sie wollte über den Fluss, hatte jedoch offensichtlich Angst, denn das Wasser war sehr tief. Der eine Mönch schaute schnell woanders hin. Der andere Mönch ging ohne zu zögern zu der Frau, hob sie auf seine Schultern und trug sie durch das Wasser. Am anderen Ufer setzte er sie trocken ab. Schweigend setzten die beiden Mönche ihre Wanderung fort.

Nach etwa einer Stunde sagte der eine Mönch: »Was hast du getan? Du hast gegen die Mönchsregeln verstoßen. Wie konntest du dieses schöne Mädchen nur angucken, geschweige, sie berühren und auf die Schulter nehmen.«

Daraufhin sagte der andere Mönch: »Ich habe die Frau am Flussufer abgesetzt. Trägst du sie immer noch?«

Ich finde einen Platz hinter einem anderen Adepten, der bereits still auf seiner Matte hockt. Sein T-Shirt verkündet: »*Wake up!*« Links und rechts neben mir hocken Mönche aufrecht und bewegungslos, bereits in tiefer Meditation versunken. Die Glocke ertönt, wir gehen in die Stille und sitzen. Zunächst muss ich mich entscheiden, wie ich meditieren möchte. Im Zen wird eher mit geöffneten Augen meditiert, da bei geschlossenen Augen der Geist leichter abdriftet und man zudem schneller einschläft. Andererseits ist es einfacher, sich bei geschlossenen Augen auf dem Atem zu konzentrieren.

Ich bevorzuge, die Augen zu schließen. Achtsames Ein- und Ausatmen. Meine Muskeln schlafen noch, die Dehnung im halben Lotussitz schmerzt. Und natürlich meldet sich sofort mein Rücken. Mir bekommt weder der Schneider- noch der halbe Lotussitz. Auf einem Stuhl zu sitzen ist noch schmerzhafter. Gehen wäre das Beste, geht jetzt aber nicht. Gedanken prasseln auf mich ein. Sie auch nur für einen Moment loszulassen, bleibt ein lebenslanges Übungsfeld, aber nur am Morgen, Mittag und Abend.

Interview mit Phap Lai

Was ist für Sie Humor?

Es ist die Art, wie wir uns verbinden, wenn wir zusammen lachen. Humor hat nicht die Absicht, die Schuld von jemand zu zeigen oder jemanden zu verhöhnen. Er beabsichtigt, die gemeinsame Erfahrung und Freude zu intensivieren. Mit dieser Absicht ähnelt Humor der Liebe. Liebe enthält Freundlichkeit und das ist eine sehr wichtige Sache in der Freundschaft.

Haben Sie dafür ein Beispiel?

Wir leben im Zölibat und im Sommer gibt es hier viele schöne Mädchen und Frauen. Eigentlich ist das sehr hilfreich für die Mönche. Sie erkennen die Anziehungskraft auf jemanden.

Was bringt Sie zum Lachen in dieser Situation?

Wenn das Gefühl der Verbindung, Freundschaft und Vertrauen da ist. Ich erinnere mich an einen jungen Bruder, der sehr mutig war, weil er zugab, eine Beziehung zu einer Nonne zu haben. Er lebte nicht in den Klosteranlagen und hätte ihr daher eigentlich gar nicht begegnen können. Ich versuchte, mich mit ihm auf der Ebene von Humor zu verbinden. Ich sagte: »Wie geht es ihr?« Er lachte, als wollte er sagen: »Was meinst du damit?« Ich sagte: »Wie geht es ihr?« Und dann sagte er lachend: »Es geht ihr gut.« Ich glaube, diese Art hat ihm geholfen, nicht das Gefühl zu haben, er müsse alles für sich behalten. Es ist, wie wenn man sagt: Wir können darüber auch in dieser Situation lachen. Auch wenn wir beide wissen, dass dies eine schwierige Situation ist. Es ist ein Ausdruck von Leichtigkeit.

Wie setzt Thich Nhat Hanh Humor ein?

Thich erzählt gerne folgenden Witz:

Ein Mann kommt zum Psychiater, weil er sich vor Hühnern fürchtet. »Ich bin ein Stück Mais und ich weiß, dass Hühner Mais mögen.«

Der Psychiater schaut ihn an und sagt: »Sie sind kein Mais.«

Er sagt: »Doch, ich bin ein Stück Mais.«

»Oh, nein, Sie sind ein Mensch.«

»Nein, ich bin ein Stück Mais.«

»Hühner haben Angst vor Menschen. Sie fressen keine Menschen und sie werden Sie nicht angreifen.«

Der Mann notiert sich also: »Ich bin ein Mensch. Ich bin ein Mensch.«

Eine Woche später kommt er wieder: »Vielen, vielen Dank. Ich habe verstanden, ich bin ein Mensch.«

Der Psychiater nickt zufrieden. »Sie sind geheilt.«

Der Mann verlässt die Praxis.

Aus dem Fenster beobachtet der Psychiater, wie der Mann über die Straße geht. Plötzlich tauchen einige Hühner auf und er ergreift blitzartig die Flucht. Also bestellt der Psychiater ihn wieder zu sich und fragt: »Was zum Teufel ist passiert? Sie haben doch verstanden, dass Sie ein Mensch sind.«

»Natürlich weiß ich, dass ich ein Mensch bin. Aber die Hühner wissen es nicht!«

Thich veranschaulicht mit dieser Geschichte seine Lehre vom doppelten Greifen nach Subjekt und Objekt. Wir denken, sie seien getrennt, anstatt das Intersein zu verstehen.

Phap Lai stammt aus den USA, ist seit über zwanzig Jahren Mönch in Plum Village.

Mind full oder Mindful?

*»Wir sind, was wir denken.
Mit unseren Gedanken
formen wir die Welt.«*

Buddha

»Achtsamkeit ist ein Helfer für alles«, meinte Buddha, denn sie helfe, Gedanken und Gefühlen keinen absoluten Glauben zu schenken, sondern vielmehr deren Entstehen und Vergehen zu erleben und so Gelassenheit, Mitgefühl und Dankbarkeit zu entwickeln. Auf diese Weise wird der innere Zeuge geweckt, der Sie verstehen lässt: Sie sind nicht der Gedanke, sondern Sie haben ihn. Daraus wächst eine staunende Neugier und Sie erforschen bekannte Muster mit frischem Blick. Das ist jedenfalls meine Erfahrung, seit vielen Jahren ist das Üben des Gewahrseins für mich eine unentbehrliche Ressource geworden. Ich habe die Möglichkeit, heilsame wie belastende Gedanken und Gefühle zuzulassen und zu erkennen: Sie bringen mich nicht um. Dadurch werde ich gelassener, kann eine freudvolle Distanz zu den Geschehnissen einnehmen, Mitgefühl entwickeln und sogar leidvolle Widersprüche als lustig wahrnehmen. In dem Sinne ist Meditation der Versuch abzuhaften.

Umgekehrt führt eine humorvolle Haltung zu mehr Achtsamkeit. Um einen Perspektivenwechsel zu entdecken, der mir Lustiges offenbart und mich zum Lachen bringt, muss ich meine Wahrnehmung aktivieren: Was sehe und höre ich noch? Dadurch lassen sich Dinge entdecken, die mir vorher verborgen blieben und ich gewinne Abstand zu mir und dem Geschehen.

Achtsamkeit und Humor begünstigen sich also gegenseitig und haben eine ähnliche Wirkung: Beide öffnen den Geist und helfen so loszulassen. Energie wird frei, die sich in Freude und Lachen bemerkbar macht. In gewisser Weise sind Humor und Achtsamkeit zwei Seiten derselben Medaille. Deshalb führt ein Verlust von Achtsamkeit zu Verbissenheit und damit zu Humorlosigkeit. Umgekehrt will eine humorlose Haltung unbedingt an etwas festhalten.

Meditation: Konzentration auf den Atem

Der erste Schritt zur Achtsamkeit liegt in der Übung des ruhigen Verweilens auf dem Atem, *Samadhi* (Sammlungs)-Meditation genannt (tibetisch: *Shine*). Einfach nur still sitzen und den Atem beobachten, ist anfangs schwieriger als erwartet, doch es hilft, den Geist zu beschäftigen, um ihn zu beruhigen.

Was Sie tun können:

1. Methode: Zählen Sie beim Einatmen Ihre Atemzüge von eins bis zehn und fangen Sie dann wieder von vorne an. Zwangsläufig werden irgendwann Gedanken aufsteigen, wie: Ich sitze hier rum, eigentlich sollte ich aufräumen, Mails beantworten, XY anrufen, Wäsche waschen, den Hund Gassi führen. Es steigen Gedanken an die Zukunft auf oder Erinnerungen an etwas, das Sie freut oder ängstigt.

Womöglich entstehen Bilder, die wie Traumbilder sehr real wirken.

Irgendwann entstehen Körperempfindungen: Die Beine schlafen ein, der Rücken schmerzt.

Gefühle steigen auf: Freude, Trauer, Unruhe.

Nehmen Sie all das bewusst wahr, lassen Sie es vorbeiziehen und kehren Sie sanft zum Atem und dem Zählen zurück. Achtsamkeit bedeutet dessen gewahr zu sein, was in Erscheinung tritt, sei es angenehm oder unangenehm. Sich den eigenen Gefühlen zu stellen, kann beschämend sein und dazu gehört Mut. Doch so lässt sich die elementare Erfahrung machen, dass Gedanken, Gefühle, Empfindungen nichts Statisches sind, sondern sich wandeln, entstehen und vergehen wie alles andere.

Also: Wahrnehmen, vorbeiziehen lassen, zum Atem zurückkehren, die Empfindungen an den Nasenlöchern als Anker nutzen und bei jedem Ein- und Ausatmen genau wahrnehmen, dabei weiterzählen.

Alternativ können Sie das Heben und Senken von Brust- und Bauchgegend als Anker nehmen und von eins bis zehn zählen. Allerdings ist es wenig hilfreich, zwischen der Wahrnehmung von Nase und Bauchgegend hin- und her zu springen, da dies verwirrt. Lieber in verschiedenen Meditationen die Varianten ausprobieren.

2. Methode: Zählen Sie die Atemzüge nur so lange, wie keine Gedanken, Bilder, Empfindungen, Gefühle etc. entstehen. Vielleicht schaffen Sie das für zwei bis drei Atemzüge, vielleicht nur für einen, bis ein Gedanke kommt – Sie beginnen dann wieder bei eins.

3. Methode: Wenn Gedanken oder Bilder kommen, etikettieren Sie diese, geben ihnen bewusst einen Namen: Erinnerung, Zukunft, Plan, Hoffnung, Bild, Erwartung, Ärger, Wut, Freude etc. Sie können Gedanken auch einfach nur »Gedanke« nennen. Dadurch erkennen Sie, dass Sie sich vom Atem lösen, der Gedanke verliert seine Macht und Sie können zum Atem zurückkehren.

Je nach Tradition und Vorlieben empfehlen Lehrer, mit diesen Methoden zu experimentieren. Was liegt Ihnen? Sie können abwechseln. Jede Meditationseinheit eine andere Methode. Oder Sie variieren innerhalb einer Meditationseinheit, indem Sie die Zeit in Abschnitte teilen. Angenommen, Sie wollen zwanzig Minuten meditieren, dann können Sie die ersten zehn Minuten die Atemzüge zählen, die zweiten zehn Minuten etikettieren. Das schafft Abwechslung.

Die Dauer der Meditation bleibt Ihnen überlassen. Besser kurz, vielleicht zehn bis zwanzig Minuten am Tag, und regelmäßig meditieren, als sich zu überfordern und es deshalb wieder sein zu lassen.

Obwohl ich schon viele Jahre meditiere, muss ich mich doch oft dazu überreden, etwa weil alles andere wichtiger scheint oder ich vor Schmerzen nicht sitzen kann. Merke ich, dass ich mich ablenke, um der Konfrontation mit Ängsten und Schmerzen zu entgehen, sage ich mir: Wenigstens zehn Minuten. Wenn anschließend der Wecker piept, waren die Schmerzen erträglich und die Erfahrung des freundlichen Gewahrseins wieder so hilfreich, dass ich mir weitere zehn Minuten gönne.

Buddha verlangte keine bestimmte Haltung. Manche sitzen im einfachen oder doppelten Lotussitz, andere im Schneidersitz. Sie können mit einem Hocker oder Kissen unter dem Gesäß auf den Unterschenkeln ruhen. Macht man es sich auf einem Stuhl gemütlich, sollte man aufrecht sitzen, ohne den Rücken anzulehnen. Meditation funktioniert auch im Liegen, allerdings besteht hier die Gefahr, einzuschlafen. Wichtig ist, dass Sie sich wohl fühlen.

Versuchen Sie, die Meditationen weder zu beurteilen noch nach Erfolgen zu schielen, wie etwa: Heute war ich super, weil ich konzentriert bei meinem Atem geblieben bin.

Selbst eine vermeintlich schlechte Meditation ist nützlich. Es geht allein darum, sie zu tun.

Veränderungen durch Meditation sind wissenschaftlich dokumentiert. Nach acht Wochen Achtsamkeitstraining lässt sich eine größere Aktivität im linken präfrontalen Cortex nachweisen. Dieser Bereich des Gehirns ist für Wohlbefinden, positive Gefühle und das Annehmen von Erfahrungen zuständig. Man wird interessierter, wacher, begeisterungsfähiger, gleichzeitig warmherziger, ausgeglichener und gelassener. Es werden also positive Gefühle erzeugt und dadurch schärft sich der Sinn für Humor. Untersuchungen zeigen, dass solche Veränderungen anhalten und durch kontinuierliche Meditation sowie dank der Neuroplastizität des Gehirns nachhaltig wirken. (Siehe hierzu auch Seite 138 f.)

Wäre ich im Bett geblieben, würde ich noch selig schlummern, anstatt hier in der zugigen Halle in Plum Village gegen die Müdigkeit anzukämpfen. Mein Geist gerät in hektische Bewegung, gleich einem Affen, der von Ast zu Ast springt. Nur nicht einschlafen. Ich nehme drei kräftige Atemzüge, das erfrischt. Dann versuche ich, in die Beobachterrolle zu finden. Durch die Wahrnehmung des Atems tritt Beruhigung ein, Freude darüber steigt auf, dass ich es aus dem Bett geschafft habe. Nur einen Moment später fühle ich Hunger, denke an leckeres Weißbrot mit Erdnussbutter, Marmelade, Obst, Kaffee. Bei jeder Meditation ist es das Gleiche. Und immer wieder, ein Leben lang. Ich versuche, mir diese Gedanken bewusst zu machen und mich zu entscheiden, sie ziehen zu lassen – und nicke ein.

Zwei Mütter unterhalten sich über ihre erwachsenen Söhne.
Sagt die eine: »Mein Sohn hat jetzt angefangen zu meditieren. Keine Ahnung, was das ist, aber immer noch besser, als wenn er nur rumsitzt und nichts tut.«

Wenn das Verweilen auf dem Atem gelingt, folgt ein weiterer Schritt in Richtung Gewahrsein. Nun übt man sich darin, die Körperempfindungen, Gefühle, Gedanken nicht mehr nur vorbeiziehen zu lassen, sondern sie aufmerksam zu erforschen, um ihre Vergänglichkeit und Leerheit wirklich zu verstehen.

In allen buddhistischen Traditionen findet das Satipatthana-Sutta des Buddha besondere Beachtung, die »Lehrrede von der Beibehaltung der Achtsamkeit«. Der hieraus hervorgehende Übungsweg, *Vipassana*(Einsichts)-Meditation (tibetisch: *Lhaktong*) genannt, ist keine für sich stehende Tradition, nicht an den Buddhismus gebunden und auch Nicht-Buddhisten üben ihn. Buddha empfahl diese Meditation, um sich Körperempfindungen, Gefühlsreaktionen und Gedanken bewusst zu machen und sie zu erforschen, ohne sie zu bewerten. So lässt sich erfahren, dass sie entstehen und vergehen, sich wandeln und vergänglich sind. Für den Budhisten bedeutet das, die drei im vorigen Kapitel beschriebenen Merkmale des Daseins (Wandel, Nicht-Ich, *Dukkha*) auf einer tiefen Ebene zu begreifen.

Als ich versuchte, den Begriff Achtsamkeit während eines Workshops zu erläutern, reagierte ein Teilnehmer mit Ablehnung. Der Begriff schrecke ihn ab, er klinge so streng. Als Kind habe er genug achtsam sein und seinen Eltern gehorchen müssen. Doch Achtsamkeit bedeutet nicht Folgsamkeit, sondern Gewahrsein, also wahrzunehmen und sich das Wahrgenommene bewusst zu machen. Im Englischen spricht man von *mindfulness* und nicht von *mind fullness*. Der Geist soll nicht voll sein, sondern sich vom Anhaften an Gedanken befreien und leicht werden. Waches Gewahrsein des Augenblicks ist das Gegenteil von einem überquellenden Geist, der sich im Grübeln über Vergangenheit und Zukunft verliert. Dabei öffnet sich die Wahrnehmung für alles, was gerade stattfindet, ohne etwas verändern zu wollen.

Man fokussiert sich zunächst auf den Atem, wie oben bei der Samadhi-Meditation geschildert. In der nächsten Stufe geht man zur *Vipassana*-Meditation über, öffnet den Geist für alle Inhalte, die sich wahrnehmen lassen: Körperempfindungen, Gefühle, Gedanken, äußere Objekte wie Geräusche, Gerüche oder, bei geöffneten Augen, für das, was man sieht.

Buddha nennt vier Objekte, die sich in der Achtsamkeits-Meditation wahrnehmen lassen:

1. Körper. (Wo spüre ich etwas? Was spüre ich? Zieht, brennt, pulsiert, pocht kribbelt es? Tut etwas weh? Wo spüre ich gar nichts?)
2. Emotionen. (Was empfinde ich? Freude, Angst, Euphorie, Ungeduld, Wut?)
3. Gedanken. (An was denke ich? Beispielsweise an etwas, das ich erledigen könnte, wenn ich gerade nicht meditieren würde? Welche Bilder entstehen?)
4. Äußere Objekte. (Was kann ich sehen, hören, riechen, schmecken, tasten?)

Ich bin wieder erwacht. Dieses Mal in der Meditationshalle, es ist mucksmäuschenstill. Ich atme dreimal tief ein und aus, um mich zu erfrischen, und erspüre meine Atemzüge an der

Nase. Dann richte ich die Aufmerksamkeit auf meinen Körper, das erste von vier Objekten, die Buddha benannte. Spüre ich irgendwo einen Druck, einen Schmerz? Ja, der Schmerz, mein ungeliebter Freund, meldet sich zuverlässig. Ein Anlass, ihn freundlich zu begrüßen und ihn mit Güte zu erforschen. Ich fühle Brennen, Stechen, Kribbeln. Die Farbe Rot kommt mir in den Sinn. Ich eruiere die genaue Stelle. Wieder mache ich die Erfahrung, dass der Schmerz sich verändert, seine Heftigkeit nimmt ab, er beginnt sich ein bisschen aufzulösen, mutiert vom Feind zu etwas Vertrautem und verliert so seine Bedrohung. Doch nach einigen Momenten kommt er wieder, mit Brennen und Stechen, ich beginne von vorne, mache ihn mir wieder bewusst. Einatmen, ausatmen. Atme ich zu schnell? Zu langsam? Nicht werten. Nur beobachten, nichts tun. Aber auch nicht davonlaufen.

Achtsamkeits-Meditation ist eigentlich ganz und gar von Güte erfüllt, bedeutet trotzdem harte Arbeit und fühlt sich manchmal sogar wie ein Kampf an, bei dem Gefühle und Gedanken mich überwältigen. »Nein, dann bist du auf dem Holzweg«, sagt Thich Nhat Hanh in meinem Kopf. Meditation solle leicht und freudvoll sein. Dieser Gedanke verkrampft mich noch mehr, denn ich ärgere mich darüber, mich gerade nicht zu freuen. Nicht die Leichtigkeit verlieren! Zum Beispiel, indem ich wahrnehme, wie ich wahrnehme und mit rauchendem Kopf versuche, loszulassen. Ich forme meinen Mund zu einem Lächeln.

Übung

Wenn Sie jetzt so sitzen, liegen oder stehen. Spüren Sie doch schnell mal nach: Wo zwickt, zieht, drückt es? Schmerzt es vielleicht an einer Stelle? Oder fühlen Sie im Körper nichts? Fühlen Sie nach. Angenommen, Sie bemerken einen Druck am Gesäß. Lenken Sie Ihre Aufmerksamkeit an die Stelle und bleiben Sie dort mit gütigem Gewahrsein. Wie fühlt sich das an? Kribbelnd, brennend, pochend, ziehend. Ist das Gefühl punktförmig, strahlt es aus? Erforschen Sie dieses Gefühl. Vielleicht erleben Sie, dass sich bei genauem Hinspüren das Druckgefühl verändert.

Die Folgen, an etwas unbedingt festhalten zu wollen, macht sich eine traditionelle Technik in Australien zunutze, um Affen einzufangen. Dazu sucht sich der Jäger einen Baum mit einem Astloch, das so klein ist, dass gerade eine offene Affenhand hineinpasst. Dann wird eine Nuss hineingelegt. Wenn ein Affe die Nuss entdeckt, greift er zu und packt die Nuss. Dazu ballt er seine Hand zur Faust, die so nicht mehr durch das Astloch passt. Das Tier steckt fest, hat sich sozusagen selbst gefangen. Es müsste nur loslassen und wäre frei, aber es will die Nuss behalten. So kann der Jäger den Affen einsammeln.

Übung

Ballen Sie eine Hand kräftig zur Faust. Wie fühlt sich das an? Wo ist die Spannung? In den Fingern, der Hand, im Unterarm, Oberarm, zieht sie bis hinauf in die Schulter?

Nun lassen Sie wieder los. Wie fühlt sich das an? Spüren Sie bewusst in die Entspannung hinein. Und spüren ihr nach. Zwei Formen des Lebens: Anspannung und Entspannung. Doing und Being. Beides gehört dazu.

Das zweite Objekt der Achtsamkeit sind psychische Gefühle und Empfindungen. Ich bemerke: Es zieht, ich friere, jetzt fühle ich mich unwohl. Ich versuche, das Gefühl zu erforschen. Wo nehme ich es im Körper wahr? Mir fließt es kalt den Rücken herunter. Sofort habe ich das Bedürfnis, mir den Pullover überzuziehen, den ich sicherheitshalber neben mir deponiert habe. Doch ich warte ab. Achtsamkeit bedeutet, weder unmittelbar zu reagieren noch etwas ändern zu wollen, sondern einen Augenblick zu warten. Erst wahrnehmen, atmen und dann, falls notwendig, in die Aktivität gehen. Dieses Abwarten führt zu einer besonderen Erkenntnis: Emotionen entstehen und vergehen. Ich bin nicht eins mit ihnen. Wenn mir diese Art des Betrachtens gelingt, wecke ich den inneren Zeugen in mir und betrachte das Geschehen. Mutig und neugierig schaue ich, was da geschieht: Der innere Zeuge weckt den Anfängergeist, mit dem das Gewohnte wie etwas Neues beobachtet wird. Dann öffnet sich die Tür zur Veränderung. Ich bewege mich weg von dem Gedanken: »Ich schaffe das nicht« hin zu der Einsicht »Ich habe den Gedanken, dass ich es nicht schaffe.« Und greife zum Pullover.

Die dritte von Buddha formulierte Grundlage der Achtsamkeit ist Bewusstsein. »Zieh dir den Pullover bloß leise an, um keinen zu stören. Ach, ist das peinlich, alle anderen halten es aus, nur ich nicht.« Der Reißverschluss kreischt, als würde eine Motorsäge in Gang gesetzt werden. Dann: Geschafft. Angenehm, warm, kuschelig. Freude steigt in mir auf. Auch das nehme ich wahr: Wenn freudvolle Gedanken aufsteigen, bin ich mir bewusst, dass meine Gedanken mich erfreuen. Freude ist genauso wie Ärger nicht mein Ich, sie ist ein Geistesfaktor, ein Gedanke, der in diesem Moment mein Bewusstsein färbt. So geht es ohne Unterlass. Bald vergeht mir die Freude über meinen wärmenden Pullover und ein neuer Gedanke kommt: Wann sind die dreißig Minuten endlich um?

Was ich mir als Viertes bei der Achtsamkeits-Meditation bewusst mache, nannte Buddha die Geistesobjekte. Gemeint sind Dinge, die zwar außerhalb von mir existieren, deren Form aber in meinem Geist entsteht. Letztlich kann das alles sein.

Ich höre ein Schnarchen. Es ist dieses Mal nicht mein eigenes (das mich während einer Meditation durchaus ab und an selbst aufweckt). Ein paar Matten weiter ist ein Mönch oder Schüler offensichtlich dem Schlaf erlegen. Sein Sägen schallt durch die Halle. Natürlich könnte nun jemand dem Schlafenden einen kleinen Stoß geben. In einigen Zen-Traditionen gibt es einen Klapps mit dem Stock. Doch hier schreitet niemand zur Tat. Achtsames Wahrnehmen. Irgendwann wird das Gerassel vorbeigehen. Es geht nicht vorbei. Ich versuche das, was mir schon in der Nacht geholfen hat, stelle mir den Schnarchenden als selig schlafend, entspannt und glücklich vor. Das wirkt sofort, ich lockere mich.

Der Sinn von *Vipassana* ist nicht, Entspannung zu erreichen. Das kann ein wunderbarer Nebeneffekt sein. Doch beginnt man die Meditation mit dem Ziel, sich zu entspannen, bewertet man automatisch Gefühle und Gedanken, die einen beunruhigen, als negativ. Achtsamkeit bedeutet, der innere Zeuge nimmt alles wahr, ohne es zu bewerten. Das Üben in der Laborsituation der Meditation hilft Impulse im Alltag besser wahrzunehmen. Im Allgemeinen reagiert man reflexartig, wenn etwa im Straßenverkehr ein Auto von hinten mit Licht und Hupe dicht auffährt. Die Folge sind Angst und Wut, vielleicht der Drang nach Vergeltung und der Impuls, mal kurz auf die Bremse zu treten, um es dem anderen zu zeigen. Durch das häufige Üben der Achtsamkeit schaffe ich es aber meistens, für einen Moment innezuhalten, meine Gefühle im Körper wahrzunehmen und zu erkennen, dass es keinen Sinn macht, mit einem Gegenschlag zu reagieren.

Das heißt nicht, dass man wie ein Roboter gefühllos kontrolliert durch die Welt braust. Eigentlich ist es genau umgekehrt, man reagiert auf Provokation reflexartig mit den drei zu Verfügung stehenden Mustern: Gegenangriff, Erstarren oder Verteidigung. Indem man seinen Atem wahrnimmt und sich seiner Gefühle und Gedanken bewusst wird, gewinnt man Distanz, bekommt Zeit geschenkt, um die Dinge aus einer anderen Perspektive zu betrachten, und kann so die Impulse besser kontrollieren – sich weniger ärgern und ein bisschen mehr staunen, vielleicht sogar lächeln und den Drängler vorbeiziehen lassen. Niemand behauptet, das sei leicht. Es bleibt eine lebenslange Herausforderung.

Übung: Bodyscan

Diese besonders wirkungsvolle Achtsamkeitsübung kommt aus der buddhistischen Tradition. Jon Kabat-Zinn hat sie in das MBSR-Programm integriert. Gelehrt wird sie häufig in *Vipassana*-Kursen. Dabei durchwandert man systematisch den Körper und versucht, einzelne Bereiche wahrzunehmen. Meist macht man dies im Sitzen. Empfehlenswerter ist, sich auf den Rücken zu legen, um sich besser zu entspannen.

Nehmen Sie zunächst Verbindung zu Ihrem Atem auf. Beginnen Sie am Scheitel und scannen Sie Stück für Stück von oben nach unten jeden Teil des Körpers. Selbstverständlich können Sie das auch von unten nach oben machen. Sie können auch erspüren, wo ein Druck auf der Unterlage zu spüren ist: Am Gesäß? An den Beinen? Das lässt sich einfach wahrnehmen, weil die Körperempfindung deutlich ist.

Am Anfang werden Sie feststellen, dass Sie in den meisten Körperpartien überhaupt nichts spüren. Das ist ganz normal. Doch mit mehr Übung wird die Wahrnehmung subtiler, Sie werden Körperempfindungen immer präziser wahrnehmen. So lassen sich Vergänglichkeit und Nicht-Selbst auf einer tiefen Ebene erfassen. Der Impuls, sofort auf einen Reiz zu reagieren, beruhigt sich.

Das Geschenk von *Vipassana* ist, dass Sie in den Moment eintauchen. Thich Nhat Hanh nennt das »eine Verabredung mit dem Leben haben«. Denn die meiste Zeit befindet man sich mit den Gedanken in Vergangenheit oder Zukunft und sorgt sich. In gewisser Weise hat die Natur das so eingerichtet. Der Mensch muss denken, um Gefahren einzuschätzen und zu überleben. Dabei wird ihm aber das Denken selbst zur Bedrohung. Der französische Philosoph René Descartes war der Meinung, das Denken sei ein Zeichen für die Existenz des Menschen. Thich Nhat Hanh behauptet das Gegenteil.

»Ich denke, also bin ich.«

Descartes

»Ich denke, also bin ich nicht.«

Thich Nhat Hanh

Wenn Sie denken, so Thich Nhat Hanh, werden Sie von Ihrem Körper getrennt, da Sie sich in Gedanken verlieren und den gegenwärtigen Moment verpassen. Sich den Atem bewusst zu machen führt dazu, sich für das Hier und Jetzt zu öffnen. Bei der Übung der Achtsamkeit finden Körper und Geist zusammen, woraus ein Gefühl von Glück und Freude entsteht. Dann öffnen Sie Ihren Geist und erleben bewusst die unglaubliche Fülle, in der Sie leben.

Rätsel

Welche Farbe hat eine Wolke?
Welche Farbe hat ein unbeschriebenes Blatt Papier?
Welche Farbe haben gepflegte Zähne?
Welche Farbe hat der Schnee?
Was trinkt die Kuh?

(Falls Sie nun Milch gesagt haben, sind Sie reingefallen. Eine Kuh trinkt Wasser.)

Meditation: Edles Schweigen

»Still sitzen. Nichts tun.
Der Frühling kommt. Das Gras wächst.«

Zen-Weisheit

Nach der Meditation fühle ich mich prächtig. Beschwingt gehe ich in Richtung *Dining Hall* zum Frühstück, vorbei an den Tischtennisplatten, an denen Mönche mit wehenden Kutten ein Match austragen. Am Eingang erinnert ein Schild mit der Aufschrift »*Noble silence*« daran, alle Mahlzeiten in edlem Schweigen einzunehmen. Ich reihe mich in die Schlange ein, nehme Schale und Besteck, greife zu Banane, Apfel, warmem Reisbrei, Milch. Wie alle anderen suche ich mir einen Platz auf einer der Biergartenbänke. Mir gegenüber sitzt ein vietnamesischer Mönch, der mit gesenktem Blick sein Essen einnimmt.

Wie es hier Sitte ist, verbeuge ich mich vor der Speise und beginne achtsames Essen. Eine große Herausforderung, wenn man es gewohnt ist, beim Frühstück Zeitung zu lesen.

Ein Schüler fragte sein Meister, was das Geheimnis der Erleuchtung sei. Dieser antwortete: »Wenn ich sitze, dann sitze ich. wenn ich gehe, dann gehe ich. Wenn ich esse, dann esse ich.«

Einige Zeit später sah der Schüler sein Meister in einem Lokal, wie er aß und dabei Zeitung las. Der Schüler ging zu seinem Meister und erinnerte ihn an seine Worte.

Der Meister antwortete lächelnd: »Wenn ich esse und Zeitung lese, dann esse ich und lese Zeitung.«

Zeitung liest hier keiner, aber das edle Schweigen übertönt ein besonders verehrungswürdiger Mönch, der aus Bali angereist ist. Ein paar Bänke weiter schwatzt er lachend mit einem anderen Mönch. Niemand scheint sich daran zu stören. Ich fühle, wie Missgunst in mir aufsteigt: Glaubt der, das Schild gilt nur für andere? So toll kann er ja nicht sein, wenn er nicht mal schweigend essen kann. Doch dann denke ich: Ist doch super, hier wird kein Dogma daraus gemacht. Sei froh, dass es hier keine Schweige-Polizei gibt. Ich muss über mich lächeln. Die Denkmaschine rattert in jedem Augenblick und produziert Urteile am laufenden Band.

Ich esse weiter, so wie Thich Nhat Hanh es empfiehlt. Zunächst mustere ich den Inhalt meiner Schale, die Beige-, Ocker- und Brauntöne des Reisbreis, das Grün der Apfelschnitze und das von braunen Flecken durchzogene Gelb der Banane. Vorsichtig häufe ich etwas auf meinen Löffel, studiere es, führe den Löffel vorsichtig in den Mund, spüre die Speise am Gaumen, auf der Zunge, beginne langsam zu kauen, nehme den Widerstand zwischen meinen Zähnen wahr, schmecke, wie sich die Süße entfaltet. Welch ein Unterschied zum Reinhauen, wie ich es in Stressphasen zu Hause trotz Übung der Achtsamkeit praktiziere, inklusive

Musikhören und Zeitunglesen. Achtsames Essen muss man erst einmal aushalten, denn die Mahlzeit dauert gefühlt einen halben Tag. Dafür wird man reichlich beschenkt: Geschmack und Genuss sind intensiver, der Affengeist kommt zur Ruhe. Dankbarkeit für die Speise entsteht, für die Möglichkeit, Hunger zu haben, überhaupt schmecken zu können, beißen und schlucken ohne Schmerzen. Das ist alles andere als selbstverständlich. Ganz langsam also.

Zu langsam. Die anderen sind schon so gut wie fertig. Da ich nicht irgendwann alleine vor meinem Müsli sitzen will, stopfe ich jetzt den Mund voll.

Da erklingt der Gong: Dong!

An einer Säule blinkt ein kleiner Plastikkasten, der, vermutlich per Zufallsgenerator gesteuert, in unregelmäßigen Abständen einen schnarrenden Gong von sich gibt. Auf dem ganzen Gelände ist immer wieder ein Gong zu vernehmen, genauer gesagt werden in unregelmäßigen Abständen Glocken geschlagen, die weit zu hören sind. Alle halten inne, für mindestens drei Atemzüge, wie Thich Nhat Hanh es empfiehlt. Bewegungen frieren ein, sei es im Sitzen, Gehen, Essen. Ich hocke da mit aufgeblasenen Backen und versuche, achtsam ein- und auszuatmen, ohne mich zu verschlucken oder einen Hustenanfall zu bekommen. Glücklicherweise interessiert das niemanden. Sogar der ehrenwerte Mönch aus Bali hält inne. Nach etwa einer halben Minute ist der Gong verklungen. Erleichterung. Es darf weiter gekaut werden.

Meine Achtsamkeits-App, die ich zu Hause verwende, überrascht mich nicht selten in der Meditation und ich stelle dann überrascht fest, dass ich mich im Grübeln verloren habe. Das Schöne daran – es ist völlig in Ordnung. Mit liebender Güte und mitfühlendem Lächeln schaue ich auf mein Tun, so wie Buddha, der über sich lächelte, als er sich an seine frühere Existenz als stolzer, aber sehr menschlicher König Mahakadevo erinnerte. Ob mit Glocke im Kloster oder App, ich bekomme mit, wie ich per Autopilot irgendwelche Dinge tue, die mir überhaupt nicht bewusst sind. Allein das zeigt schon eine Wirkung.

Hier greift das Konzept von Doing- und Being-Mode (siehe hierzu auch Seite 39f.). Der Doing-Mode wird aktiviert, wenn der Verstand Unterschiede entdeckt zwischen dem, wie etwas sein sollte und dem, wie etwas ist. Die Diskrepanz fühlt sich unangenehm an, ruft unter Umständen schmerzhafte Gefühle hervor. Diese versucht man aufzuheben, indem man in die Aktivität geht mit dem Ziel: Was nicht passt – zum Beispiel die Welt –, wird passend gemacht. Doing-Mode heißt, etwas durchsetzen wollen.

Im Being-Mode muss man keine Ziele erreichen. Der Fokus liegt auf akzeptieren und zulassen. Das heißt nicht, inaktiv zu sein, sondern aufmerksam zu betrachten, was geschieht. Ohne etwas ändern zu müssen. Das ist sehr erholsam.

Beide Modi gehören zum Leben und wechseln sich ab. Hält man sich ausschließlich im Doing-Mode auf, resultiert daraus negativer Stress, der zum Burnout führen kann. Dies gilt auch für den spirituellen Weg. Zwar ist regelmäßiges Üben notwendig, doch ist es kontraproduktiv, wenn es verbissen geschieht. Thich Nhat Hanh und viele andere Lehrer weisen darauf hin, wenn es keine Freude mache, sei es nicht der Weg der Mitte. Man sollte aber auch nicht erwarten, dass jede Meditation zu Freudensprüngen animiert. Und befände man sich nur im Being-Mode, so wäre man außerstande, Ziele und Handlungen umzusetzen und beispielsweise zu erkennen, dass es ratsam ist, wenigstens zehn Minuten zu sitzen.

Zu Buddhas Zeit war es schon genauso, wie eine Geschichte über Ananda zeigt. Dieser hatte ein phänomenales Gedächtnis und lernte die Lehrreden Buddhas auswendig, zitierte sie in dessen Abwesenheit und bewahrte sie auf für die Nachwelt. Er half, Buddha zu versorgen und vertrat ihn bei verschiedenen Anlässen. Damit hatte er viel zu tun und fand wenig Zeit, selbst zu meditieren.

Als Buddha im Sterben lag, sagte er mit letzter Kraft, die Mönche und Nonnen sollten weder traurig sein noch um ihn trauern, schließlich entstehe und vergehe alles. Warum sollte es bei seinem Körper anders sein? Während die erleuchteten Mönche und Nonnen zunächst trauerten, doch Buddhas Worte letztlich verstanden und sein Sterben mit Gelassenheit ertrugen, war Ananda verzweifelt. Er wollte und konnte sich nicht von seinem Meister trennen.

Nachdem Buddha gestorben war, und die Zeit der Trauer für Ananda vorüberging, fand er endlich Zeit für die Meditation. Einige Jahre später wurde das erste buddhistische Konzil anberaumt, eine Versammlung aller buddhistischen Mönche und Nonnen, um darüber zu beraten, wie der *Dharma* an nachfolgende Generationen überliefert werden könne. Dabei sollte Ananda eine entscheidende Rolle spielen, denn er war derjenige, der die meisten Ansprachen Buddhas auswendig konnte. Bisher war nichts aufgeschrieben worden und es wurde Zeit, dass Ananda sein Wissen an andere weitergab. Dieser wollte jedoch bis zu dem Ereignis unbedingt die Erleuchtung erlangen und meditierte jeden Tag viel und lang.

Das Konzil rückte näher und Ananda hatte das Gefühl, von der Befreiung noch weit entfernt zu sein. In der Nacht vor der Versammlung versuchte er mit all seiner Willenskraft und größter Anstrengung endlich sein Ziel zu erlangen. Doch je mehr er sich abmühte, umso weniger gelang es ihm. Da entschied er sich, loszulassen, die Erleuchtung zu verschieben und sich schlafen zu legen. Und so soll er in dem Moment, in dem sein Kopf das Kissen berührte, das Nirvana erlangt haben (und trotzdem an dem Konzil teilgenommen haben).

Zeichnet man die Gehirnaktivität beim Meditieren auf, lässt sich beobachten, dass Achtsamkeits-Meditation die

Spiegelneuronen aktiviert, die dabei helfen, spontan, also ohne nachzudenken, Empathie zu entwickeln. Auch andere Gehirnzentren werden gestärkt. Nach acht Wochen Training mit der MBSR-Methode verdichten sich die grauen Zellen im Hippocampus, was zu weniger Angstgefühlen führt. Ebenso wird der mittlere präfrontale Cortex gestärkt, der ebenfalls die Fähigkeit hat, Angst zu dämpfen.

Ähnliches geschieht bei der Verarbeitung von etwas Lustigem. Man hat Probanden in eine MRT-Röhre geschoben und ihnen Cartoons vorgelegt. Dabei zeigte sich, es existiert kein isoliertes Humorzentrum im Gehirn, sondern es wirken zahlreiche Areale zusammen. Unter anderem ist der mittlere präfrontale Cortex beteiligt. Sowohl bei einer Achtsamkeits-Meditation als auch bei einer lauten Kurzmeditation, einem kräftigen Lachen, wird das mesolimbische dopaminerge System, auch Belohnungszentrum genannt, aktiviert, was zu Lustgefühlen führt. Kein Wunder, dass Lachen und Meditieren zu tiefgehender Freude führen und süchtig machen können.

Im Buddhismus soll die Übung der Achtsamkeit nicht nur die Geistesklarheit fördern, sondern auch Güte und Mitgefühl kultivieren. So ist Meditation untrennbar mit den *Silas* verbunden, den Regeln der buddhistischen Ethik. Diese spielen beim MBSR-Training kaum eine Rolle. Firmen können das Achtsamkeitstraining daher einsetzen, um die Effektivität der Mitarbeiter und damit teilweise ethisch fragwürdige Tätigkeiten zu optimieren.

Als Buddhist ist man hingegen dazu angehalten, heilsame Absichten und Handlungen anzustreben. Wie dies möglich ist, zeigt der achtfache Pfad, die vierte der Vier Edlen Wahrheiten. Es bedeutet insbesondere, sich um Mitgefühl zu bemühen und Hass zu vermeiden – also beispielsweise auf einen vermeintlichen Angriff nicht reflexartig mit Vergeltung zu reagieren. Sicher, Rache ist süß, doch wenn man sich die Wut und den daraus resultierenden Reflex bewusst macht, lässt sich erkennen, dass Vergeltungsaktionen kein Mittel zur Konfliktlösung sind. Vielmehr entspringen sie der Absicht, dem anderen zu schaden – was nie heilsam ist. Keiner verlangt von Ihnen, alles hinzunehmen. Doch man kann die Chance nutzen, die eigene Absicht zu erkennen und ihre Reaktion auf das Geschehen zu verändern, damit der Konflikt sich entspannt.

Das Frühstück ist beendet, meine Schale nahezu sauber geschabt und geleckt. Wie die anderen verbeuge ich mich, bevor ich mich von meinem Platz erhebe, und bringe das Geschirr zu den großen Waschzubern. Die Verbeugung ist ein angenehmes Ritual geworden. Früher hatte ich damit meine Probleme, doch irgendwann leuchtete mir ein, dass ich mit dieser Geste keiner Person oder Sache Demut und Ehrerbietung entgegenbringe, sondern dem, was nach Buddha in allen Wesen angelegt ist: Freude, Mitgefühl, Güte, Weisheit, die Buddha-Natur, das Potenzial zur Buddhaschaft (was nicht ausschließt, dass ich auch einer Person Ehrerbietung entgegenbringen kann).

Achtsames Abwaschen ist angesagt. In der ersten Plastikwanne löse ich alle Reste mit einem Schwamm von Schale und Löffel. Lauwarmes Wasser umspült meine Hände. An der nächsten Station ist das Wasser kälter und klarer, es ist geradezu eine Freude, die Schale hineingleiten zu lassen. In der dritten Wanne ist das Wasser rein wie ein Bergsee. Vorsichtig lasse ich die Tropfen ablaufen und stelle das Geschirr ab – ein Ritual, das ich im Laufe der Zeit geradezu lieb gewinne und zu Hause noch viele Wochen weiterführe.

Rosinen(oder Cranberry)-Übung

Bei dieser klassischen Übung aus dem Achtsamkeitstraining lernen Sie achtsames Essen kennen. Ursprünglich ist dafür eine Rosine vorgesehen, aber da manch einer keine Rosinen mag, serviere ich bei Humor-Workshops Cranberrys (getrocknete Preiselbeeren). Sie können genauso gut Nüsse oder ein kleines Stück Schokolade nehmen.

Wichtigste Voraussetzung: Seien Sie für alles offen, was während der Übung passiert. Das bedeutet, möglichst nichts zu bewerten. Vielleicht finden Sie die Übung anstrengend oder langweilig. Dann versuchen Sie, genau das wahrzunehmen, es so stehen zu lassen und trotzdem weiterzumachen. Und wenn Sie aufhören, auch gut!

- Nehmen Sie sich eine einzelne Cranberry. Legen Sie die Frucht auf Ihre flache Hand. Betrachten Sie sie und sehen Sie die Details: Welche Farbe und Form hat die Frucht? Versuchen Sie wahrzunehmen, ohne zu werten.
- Spüren Sie das Gewicht der Cranberry, wie sie auf Ihrer Hand liegt, den Kontakt mit Ihrer Haut. Welche Gedanken und Bilder entstehen?
- Woher kommt diese Cranberry? Aus welchem Land stammt sie? Welche und wie viele Menschen waren an ihrem Entstehungsprozess beteiligt? Lassen Sie die Gedanken wieder ziehen.
- Nehmen Sie die Cranberry zwischen Zeigefinger und Daumen, fühlen Sie die Konsistenz. Welche Empfindungen entstehen?
- Riechen Sie an der Cranberry. Welche Gedanken und Gefühle kommen auf?
- Legen Sie die Cranberry auf Ihre Zunge – aber bitte noch nicht kauen.
- Wie fühlt sich das an? Gibt es schon einen Geschmack? Beginnen Sie langsam zu kauen. Am besten nur einmal und spüren Sie dann nach. Was verändert sich?

Kauen Sie die Cranberry nun mindestens zwanzig bis dreißig Mal und bleiben Sie achtsam.

- Legen Sie eine Pause ein. Nehmen Sie wahr, wie die Frucht nach dem Kauen ihren Geschmack entfaltet.
- Schlucken Sie die Cranberry – beobachten Sie, was weiter passiert …

Beenden Sie bewusst die Übung.

Geh-Weg

»Nur wer riskiert, zu weit zu gehen,
kann überhaupt herausfinden, wie weit er gehen kann.«

T. S. Eliot

Ein Mönch zählt die sechs Möglichkeiten der Achtsamkeit auf: atmen, gehen, sitzen, arbeiten, liegen, essen. Bei diesen Aktivitäten können wir uns in Achtsamkeit üben, also im Grunde bei jeder Handlung. Thich Nhat Hanh empfiehlt, das Prinzip des Gewahrseins nicht nur in einer Meditation zu üben, sondern es Teil des Alltags werden zu lassen.

Nach achtsamem Essen und Spülen schließe ich mich dem achtsamen Gehen an. Etwa hundert Menschen setzen sich in Bewegung, tasten sich langsam Schritt für Schritt voran, vorbei an dem Teich mit Lotusblumen über einen schmalen Pfad in den dichten Wald.

Ich erinnere mich an die Geh-Meditation mit Thich Nhat Hanh in Frankfurt. Dafür wurde eine mehrspurige Stadtautobahn gesperrt, die mitten durch die City, vorbei an den Hochhäusern führt. Dort, wo sonst die Autos rasen oder im Stau stecken, schlichen wir im Schneckentempo für etwa drei Stunden über den Asphalt (ganz ohne Hupen), vorbei an verdutzten Polizisten, die so etwas noch nie gesehen hatten, angeführt von einem sanft lächelnden Thich Nhat Hanh und seiner Gefolgschaft aus Mönchen und Nonnen. Ein Beamter fragte mich, wofür oder wogegen wir hier demonstrieren würden. Ich antwortete, wir demonstrierten eigentlich gar nicht und wenn, dann demonstrierten wir Achtsamkeit und führten deshalb eine Geh-Meditation durch. Beeindruckt nickte er und sagte, das sei die friedlichste, aber auch die langsamste Demo, die er je beschützt hätte.

Gong! Von der Klosteranlage tönt die große Glocke bis in den Wald, tief, sanft und leise. Alle bleiben für drei Atemzüge stehen. Und weiter geht's. So schleichen wir für gut zwei Stunden durch den Wald der Dordogne, vor mir Mönche, hinter mir Mönche. Langsam gehen ist wahrlich eine Herausforderung, Muskeln am Unter- und Oberschenkel zucken, verkrampfen sich, denn sie sind ein anderes Geh-Tempo gewöhnt. Wahrscheinlich sehe ich aus wie ein stelzender Storch. Ich erinnere mich, dass Geh-Meditation Genuss ist. Thich Nhat Hanh empfiehlt, dabei zu lächeln. Selbst ein künstliches, aufgesetztes Lächeln kann mich in freudvollere Stimmung bringen.

Ein Cartoon fällt mir ein, auf dem ein Mann und eine Frau miteinander Sex haben und er stolz ruft: Erster! Ich stelle mir vor, an den Mönchen vorbei zu marschieren und nach der Geh-Meditation stolz zu verkünden: Erster!

Ich lächle, na also, geht doch! Wirkungsvoller ist allerdings ein Lächeln, das sich aus der Freude der Dankbarkeit speist. Ich nehme bewusst die Brauntöne der Baumrinde wahr, das Spiel des Lichts, den Geruch von Erde und Pflanzen, das Geräusch der Vögel, das Kribbeln in meinen Füßen. Die Aufmerksamkeit richtet sich auf jede einzelne meiner Zehen. Wie beim Bodyscan versuche ich zu erspüren, wie kleinere Abschnitte meiner Füße beim Auftreten belastet werden. Eine tiefe Dankbarkeit für diesen Moment wächst und mit ihm ein freudvolles Lächeln, meine Muskeln entspannen sich.

Wir treten aus dem Wald auf eine Lichtung, hier warten aus rauchfarbenem Stein gemeißelte Buddha-Statuen in Meditationshaltung, jede etwas größer als ein Mensch. Einige zeigen ein sanftes Lächeln. Ich lächle zurück. Die Mittagssonne brennt vom Himmel, allmählich fühle ich mich erschöpft. Wie lange geht das noch? Ich versuche alles wahrzunehmen, was meinen Geist erreicht: Schneller, langsamer, aufhören, weiter, Hunger, Durst, zu viele Leute, zu wenige. Bestimmt bekomme ich einen Sonnenbrand. Mein linkes Bein schmerzt.

Plötzlich fühle ich, wie sich mein Geist von den Empfindungen löst, als würde ich aus mir heraustreten. Nicht ich gehe, sondern es geht. Ein wunderbares, euphorisierendes Gefühl, meine Füße bewegen sich vorwärts, sind ein Teil von mir, und doch bin ich nicht meine Füße. Ein tiefes Gefühl von Freude erfüllt mich. Meine Seele fühlt sich zutiefst beschenkt und dankbar, dass sie das erlebt.

Übung: Geh-Meditation im Alltag

In dieser Meditation geht es wieder darum, im gegenwärtigen Moment anzukommen.

1. Gehen: Wenn Sie noch keine Erfahrung mit Geh-Meditation haben, empfiehlt es sich, zu Hause in einer ruhigen Atmosphäre anzufangen. Legen Sie die Zeit fest, vielleicht fünf oder zehn Minuten. Beginnen Sie in einer Art Laborversuch mit einem langsamen Tempo. Sie werden zu Hause wahrscheinlich nur kurze Strecken zurücklegen. Das ist genau richtig, denn so gönnen Sie jedem Schritt mehr Aufmerksamkeit. Da wir aus Gewohnheit meistens zu schnell unterwegs sind, ist es eine besondere Herausforderung, die Geschwindigkeit zu reduzieren.

2. Achtsamkeit: Nehmen Sie wahr, was geschieht. Verlagern Sie langsam das Gewicht auf den linken oder rechten Fuß.

Wie fühlt sich die Gewichtsverlagerung an? Wo spüren Sie Ihr Gewicht? Fußsohle, Zehen, Fußgelenk, Unterschenkel, Oberschenkel, Hüfte? Fühlen Sie nach Verkrampfungen, Anstrengung, Unsicherheit. Vielleicht kommen Sie sich albern vor? Lassen Sie sich Zeit, alles zu erforschen, ohne zu bewerten.

3. Atmen: Denken Sie daran, zu atmen! Sie können den Rhythmus des Atems und das Gehen verbinden. Nehmen Sie wahr, wie viele Schritte Sie beim Einatmen und beim Ausatmen gehen. Nun kommt ein Schritt mit dem anderen Bein. Nehmen Sie wahr, wie sich die Empfindungen verändern, wenn sich Ihr einer Fuß mit der Ferse vom Boden löst und der andere zunehmend belastet wird. Gehen Sie achtsam weiter.

4. Lächeln: Versuchen Sie zu lächeln, auch wenn es sich künstlich anfühlt. Wie schon angesprochen, sorgt nachgeahmtes Lächeln durch Aktivierung der Gesichtsmuskeln dafür, dass Botenstoffe ausgeschüttet werden, die ein freudvolles Gefühl auslösen. Vielleicht erkennen Sie, welches Glück es bedeutet, überhaupt gehen zu können?!

Nachdem Sie zu Hause geübt haben, bekommen Sie vielleicht Lust, die Geh-Meditation an anderen Orten auszuprobieren: auf einer Wiese, im Wald, an der Bushaltestelle.

Oder im Supermarkt vor dem Kühlregal, wo sie damit rechnen können, bewundert zu werden nach dem Motto: »Cool, so langsam möchte ich auch rennen können!«

Nun ist *working meditation* in Plum Village angesagt, Laien und Besucher treffen sich dafür unter einer großen Linde, wo wir vor der Arbeit gemeinsam im Kreis stehen. Liederbücher werden ausgeteilt und ich fühle mich wie auf einer Jugendfreizeit. Etwa vierzig Menschen von Anfang zwanzig bis über achtzig stimmen gemeinsam Lieder an. Ein Mönch erklärt, wir sollen versuchen, nicht so sehr darüber nachzudenken, sondern uns auf den Anfängergeist eines Kindes beim Spiel einlassen. Während des Singens ahmt er mit Händen und Armen Vögel, Regentropfen und Wolken nach. Wir machen es nach und mich berührt diese Einfachheit jenseits aller intellektuellen Spekulationen tief.

Danach wird die Arbeit verteilt. Der Mönch meint, es sei hilfreich, auch bei der Anstrengung die Freude wahrzunehmen, die aus einer achtsamen Haltung erwächst. Gestern durfte ich in der prallen Sonne Unkraut jäten. Heute werde ich mit drei anderen zum Toilettenputzen gebeten.

Einer meiner Mitstreiter erzählt, er komme aus Frankreich und sei Ingenieur in einem Wasserwerk. Keine schlechte Voraussetzung für diese Tätigkeit. Wir stülpen Gummihandschuhe über und schnappen uns Schwamm, Lappen und Bürste.

Ich erinnere mich an meinen morgendlichen Weg in die Meditationshalle mit seinen Hinweisschildern und entdecke ein weiteres auf der Toilette: *»Dear brother, to help the urinal not to smell so much, please keep the flush pushed for a longer period of time. Meanwhile you can enjoy 3 breathes. Thank you!«* – »Lieber Bruder, um dabei zu helfen, dass das Urinal nicht so sehr riecht, halte den Knopf etwas länger gedrückt. Währenddessen kannst du 3 Atemzüge genießen. Danke!«

Vorsichtig fülle ich einen Eimer mit Wasser, nehme dabei bewusst drei Atemzüge, schütte versehentlich zu viel Reinigungsflüssigkeit hinein, sodass der Kübel überquillt und der Schaum sich über den Boden ergießt. Nicht gerade achtsam. Einer meiner Arbeitskollegen lacht auf. Lacht er mich etwas aus? Scham und Wut steigen blitzschnell empor, dominieren mein Denken und Fühlen. Doch reflexartig erscheint ein anderer Gedanke: »Wahrnehmen, ohne zu beurteilen.« Aha, Wut, Scham, Verlegenheit. Interessant. Sofort fühle ich mich gelassener, grinse ebenfalls und staune, wie sich Fliesenboden und Toilette in einen hübschen Schaumteppich mit Blasen in Regenbogenfarben verwandeln.

6.

Freude – Buddhas Liebling

»Freude ist so wichtig
wie die Tränke für die Kuhherde.«

Buddha

Als Buddha noch Prinz Siddhartha war, beschloss er, seine Heimat, den königlichen Palast, zu verlassen. Nachts schlich er sich an das Bett von Yasodhara, seiner Ehefrau, in dem auch Rahula, sein neugeborener Sohn, ruhte. Er warf einen letzten Blick auf beide, flüsterte ein Adieu und machte sich auf die Reise. Sicher fiel es ihm schwer, seine Familie zu verlassen, aber der Drang nach spiritueller Erfüllung war stärker. Der Name, den Siddhartha seinem Sohn gab, »Rahula«, »Fußfessel des Mannes«, spricht für sich. Viele Jahre später kehrte er als Buddha zu seinem fast erwachsenen Sohn und seiner Frau zurück und fragte, ob sie Nonne und er Mönch werden wolle. Yasodhara lehnte zunächst ab, doch Rahula folgte seinem Vater, legte die Mönchsweihe ab und gelangte zur Erleuchtung, so die Legende. Später folgte auch Yasodhara und überzeugte gemeinsam mit ihrer Schwiegermutter ihren Ehemann, der jetzt »der Erwachte« hieß, einen Nonnenorden zuzulassen. Sie erlangte ebenfalls die Befreiung.

Um ausgiebig in die Stille gehen zu können, etablierte Buddha das Mönchs- und Nonnentum. Siddhartha musste Sohn und Familie verlassen, so die Interpretation seiner Lebensgeschichte, um nicht in begehrender Liebe anzuhaften. Er erkannte, seiner Familie und anderen nur helfen zu können, wenn er einen Weg aus dem Zyklus von Geburt, Alter, Krankheit, Tod finden würde. Sein Weggehen geschah also aus Mitgefühl. Seinen Sohn sah er erst wieder, als dieser ein junger Mann war. Was aber hatte Buddha als Vater alles verpasst! Schlicht gesagt, alles, was Menschen erleben, wenn ihr Kind heranwächst.

Als ich den Kinderwagen meiner neugeborenen Tochter schob, dachte ich häufig an diese Geschichte und fragte mich, ob Siddhartha nicht auch die Buddhaschaft erlangt hätte, wenn er zuhause geblieben wäre und sich als Vater gemeinsam mit Yasodhara um seinen Sohn gekümmert hätte. Schließlich suchte er Hingabe, Gelassenheit, wollte zu seinem wahren Wesen erwachen, um seiner Familie zu helfen. Das hätte er mit seinem Sohn erleben können, denn was kann ein Baby anderes sein als sein wahres Wesen – und dies ist mit dem ersten Atemzug, mit der Freude zu atmen, da zu sein, zu existieren? Schon nach wenigen Tagen zeigt ein Mensch ein Lächeln, das sogenannte Engelslächeln, das diesen Namen trägt, da es einfach so geschieht, ohne Grund, vielleicht reinster Ausdruck der Freude an der eigenen Existenz ist. Dann, nach einigen Wochen, grinst, kichert, prustet das Kind zur Begeisterung seiner Eltern.

Siddhartha hätte Achtsamkeit üben können beim vorsichtigen Halten des kleinen Wesens, damit es unter keinen Umständen aus seinen Armen fiele. Er hätte *Mudita*, Mitfreude, mit seinem Sohn erleben können, als Rahula sich beim Krabbeln wie ein Schneekönig freute oder sich vor Freude glucksend voller Vertrauen und Hingabe an ihn schmiegte. Siddhartha hätte Mitgefühl, *Karuna*, mit diesem wunderbaren Wesen erfahren, als die ersten Zähnchen kamen und sich das Kind die ganze Nacht weinend vor Schmerz hin- und herwarf. Und er hätte Mitgefühl mit Yasodhara kultivieren können, die vielleicht kaum Schlaf gefunden hatte. Er hätte Gleichmut zeigen können beim Wechseln königlicher Windeln, beim nicht aufhören wollenden Schreien des zukünftigen Regenten und gegenüber der Unmöglichkeit für den Vater, zu meditieren (beziehungsweise dem dabei schlagartig einsetzenden Schlaf). Er hätte Geduld üben können, wenn er mit Rahula stundenlang aus Bauklötzchen Türme errichtet hätte. Er hätte das ozeanische Gefühl der Verbundenheit mit einem Wesen erleben dürfen, wenn sein Sohn, wenige Wochen alt, auf seinem Bauch gelegen, mit Urvertrauen gesäuselt hätte, und Siddhartha trotz äußerst unbequemer Lage nicht gewagt hätte, sich nur einen Millimeter zu bewegen, um Rahula nicht aufzuwecken. Und er hätte eine tiefe, liebende Güte empfinden können, wenn dieser mal wieder seinen Brei an die Wände des königlichen Palasts geklatscht hätte.

Und nicht zuletzt hätte er beobachten können, wie sich der Sinn für Humor bei seinem Nachwuchs entwickelte. Wie aus dem Lachen der Freude ein Lachen über das Komische entstand, beispielsweise, wenn Siddhartha sich eine königliche Trinkflasche auf den Kopf gestellt und Rahula sich wahrscheinlich nicht mehr eingekriegt hätte, weil sie da einfach nicht hingehört und das lustig ist. Und wie dieses Lachen über etwas Lustiges wiederum zur Freude führt. Siddhartha hätte mit dem Thronfolger eine laute Lach-Meditation durchführen können, die sein übermäßiges Grübeln, unter dem er litt, vielleicht gemildert hätte. Er hätte mit seinem Sohn spielen, Quatsch machen und sich vergessen können. Bald hätte er die Freude am Wortwitz beobachten können und wie Rahula, wie die meisten Kinder, Sätze verdrehte, den buddhistischen Koans ähneln. Er hätte erfahren können, was eine Basis der Freude ist; Dankbarkeit: Dass er ein gesundes Kind hatte zeugen können, dass er dieses Wunder erleben und sein Vater sein durfte. Vielleicht hätte sich Siddhartha viele Jahre des Suchens sparen können?

Wohl kaum, werden Sie vielleicht sagen. Wäre dies so, befänden sich jede Mutter und jeder Vater auf dem Weg zur Erleuchtung und würde Buddha oder Buddhine werden. Und ein Kind zu stillen, passt kaum zum Habitus einer würdevollen Nonne, Windeln wechseln nicht zu dem eines Mönchs. Und wohin mit dem Knirps, wenn beide sich zur Meditation zurückziehen und in edlem Schweigen üben? Außerdem verlangte die indische Kultur, in der Siddhartha und Yasodhara vor 2500 Jahren Eltern wurden, dass sich die Frau, beziehungsweise in königlichen Gefilden eine Dienerin, und nicht der Mann um den Nachwuchs zu kümmern habe. Und wer ein Kind aufzieht, egal ob damals oder heute, hat selten Ruhe und weder Zeit für Meditation noch für die Suche nach philosophischer Erkenntnis. Das bedeutet jedoch keinesfalls, nicht tiefste Einsichten über das Leben gewinnen zu können.

Vielleicht sind ja Eltern in manchen Momenten wirklich erleuchtet, wenn sie ihr Kind aus tiefstem Herzen beschützen und lieben. In gewisser Weise ist es das Normalste auf der Welt. Jeden Tag kommen Tausende Babys auf die Welt, die Natur überschüttet uns mit diesem Reichtum. Kinder sind eines der größten Wunder und wir tun gut daran, sie nicht als selbstverständlich anzusehen. Wer sich jahrelang vergeblich um Nachwuchs bemüht hat, wessen Kind erkrankt oder sogar stirbt, der wird keinen Moment daran zweifeln, dass ein Kind ein Geschenk ist, für das tiefste Dankbarkeit angemessen ist.

Buddha wies darauf hin, die Geburt als Mensch sei unendlich kostbar und so unwahrscheinlich, als würde eine erblindete Wasserschildkröte beim Auftauchen mit dem Kopf durch den Spalt eines Holzjoches finden, das auf dem endlosen Ozean treibt. Denn nur als Mensch, so Buddha, könne man den *Dharma*, die Lehre von Leiden und Befreiung verstehen, Weisheit und Mitgefühl für alle Wesen entwickeln und Erwachen. Von daher müsse jeder Mensch von tiefer Dankbarkeit erfüllt sein.

Entzücken

»Freude ist nur ein Mangel an Information.«

Nico Semsrott

Wann haben Sie sich zuletzt gefreut? Vielleicht, als Sie etwas Leckeres gegessen haben? Als Sie einem besonderen Menschen begegnet sind? Einen beruflichen Erfolg verbucht haben? Vielleicht, als Sie Sport trieben? Mit jemandem spielten? Als Sie gemeinsam über einen guten Witz lachten?

Oder fällt es Ihnen schwer, Freude zu empfinden? Gelingt es Ihnen bestenfalls kurzfristig? Gar nicht?

In der indischen Tradition wird zwischen *Sukha* und *Piti* unterschieden. Beides kann mit Freude übersetzt werden, hat aber unterschiedliche Bedeutungen. *Sukha* bezeichnet eine Freude, die aus Vergnügen und einem angenehmen Lustgefühl wächst. Kennzeichnend ist die Befriedigung des subjektiven Lustgefühls eines Ichs, ein Lustgewinn durch Ursachen, die eher im Außen liegen. Dazu gehören beruflicher und finanzieller Erfolg, Anerkennung, Anschaffungen, Essen, Spiele etc. Auch Wissen saugt man von außen ein und es vermag Lust zu bereiten. Nach buddhistischer Philosophie ist das Denken der sechste Sinn, der im Herzen angesiedelt ist. Von daher erklärt sich, dass der Gebrauch des Denk-Apparates zu rauschähnlicher Freude und zu tiefster Trauer führen kann.

Mit seinem bereits zitierten Satz »Alle Lust will Ewigkeit« wies Nietzsche darauf hin, dass lustvolle Erlebnisse von Umständen abhängig sind und deshalb unberechenbar und flüchtig. Wir sind gezwungen, immer wieder nach diesen Stimuli zu suchen und sie sogar zu steigern. Das Gefühl, etwas verstanden zu haben, lindert die Angst vor Vergänglichkeit und erzeugt Trost und Zuversicht. Dies ist keinesfalls verwerflich. Buddha erklärte, wie wichtig es ist, sich um Wissen zu bemühen. Allerdings sollte es durch Meditation und ethisches Verhalten vertieft werden, um so zu gelebter Einsicht zu werden. Wissen ist, wie alles andere, flüchtig und nur begrenzt wahr. Wenn man ein Ereignis isoliert, um es zu beschreiben, wird es zu einer wirklichkeitsfernen Abstraktion, schon allein dadurch, dass es sich auf die Vergangenheit bezieht. Doch niemand weiß, wie sich die Zukunft gestalten wird. Freude kann also, wie der Kabarettist Nico Semsrott es ausdrückt, ein Mangel an Information sein. Wüsste man umfassend Bescheid, wäre mit dieser Freude schnell Schluss. Im buddhistischen Sinne lässt sich sagen: Umso weniger Information, desto mehr Freude. Wobei hier intellektuelle Information gemeint ist im Gegensatz zu tiefer Einsicht, die auf geprüftem, erfahrbarem Wissen beruht.

Weil das konzeptuelle Beurteilen trotzdem oder gerade deshalb so lustvoll ist, wird der Konsum von Wissen leicht zur Sucht. Buddha verglich daher seine Lehre mit einem Floß, mit dem man über einen Fluss setzen kann. Es ist für eine gewisse Zeit hilfreich, aber es macht wenig Sinn, es auf der anderen Seite mitzuschleppen, wenn man zu Fuß weiterwill. Wissen, Erkenntnis und Einsichten können wie alles zu Anhaftung führen und dürfen losgelassen werden.

> Ein Meister sagte: »Mein erster Schüler war so schwach, dass er an den Übungen starb. Mein Zweiter trieb sich selbst in den Wahnsinn, weil er zu viel meditierte. Mein dritter Schüler wurde stumpfsinnig, weil er ununterbrochen Mantras rezitierte. Aber der Vierte ist immer noch völlig normal.«
>
> Jemand fragte ihn: »Wie kommt das?«
>
> »Vielleicht«, sagte der Meister nachdenklich, »weil er sich weigert, die Übungen zu machen?«

Buddha geht es insbesondere um die innere Freude, die unabhängiger ist von Handlungen und äußeren Einflüssen. Im Gegensatz zu der Freude, die aus dem Lustgewinn des Ichs resultiert, entsteht innere Freude durch Distanz zum Ich, eine Abstraktion, die dazu führt, dass ein innerer Zeuge geweckt wird, der das Ich betrachten kann. Wahre, tiefe innere Freude entsteht, so Buddha, wenn der Mensch in Kontakt mit seiner wahren Natur kommt, die sich durch Freude, Güte, Großzügigkeit und Weisheit auszeichnet.

»Entzücken ist das Tor zum Nirvana.«

Buddha

Buddha hält Freude auf dem spirituellen Weg für überlebenswichtig, so wichtig wie das Wasser aus der Tränke für die Kuhherde. Sie ist mehr als ein momentanes Wohlgefühl, sie ist das tief empfundene Glücksgefühl, mit etwas Grundlegendem verbunden zu sein. Manche nennen dies Kraftquelle oder das Göttliche. Freude kann als geschicktes Mittel, *Upaya*, fungieren, da sie stärkt, motiviert und für den oft entbehrungsreichen Weg belohnt. Sie hilft, Ärger und Feindschaft zu überwinden. Gedanken und Gefühle folgen Ihrer Aufmerksamkeit, wenden sich also dorthin, womit Sie sich häufig beschäftigen. Je öfter Sie Freude bewusst wahrnehmen, desto leichter lässt sie sich finden. Es macht also Sinn, Freude in sich zu wecken sowie Einsichten und Übungen zu verfeinern, die dazu führen.

Übung

Entwerfen Sie eine Liste von Ereignissen, die Sie in Freude versetzt haben. Ohne lange darüber nachzudenken.

Danach fragen Sie sich: Kann ich zwischen »äußeren Freuden« und »inneren Freuden« unterscheiden?

Dankbarkeit – Flirt mit Herz und Nieren

»Leuchtende Tage.
Nicht weinen, dass sie vergangen,
sondern lächeln, dass sie gewesen.
Denn ich habe sie gelebt.«

Tagore

Ein Journalist fragte einmal den Dalai Lama, warum die Menschen in Tibet viel glücklicher erscheinen würden als die meisten in der westlichen Welt. Auch tibetische Mönche und Nonnen, die in den Westen kämen, wirkten so lebensfroh. Obwohl die Tibeter doch viel weniger besäßen als Westler und heute politisch massiv von China unterdrückt würden. Wie schafften sie es, sich trotzdem ihren Optimismus und ihre Freude zu erhalten?

Der Dalai Lama antwortete, dies liege an der anderen Einstellung zum Leben im Buddhismus. Man gehe davon aus, dass unser alltägliches Leben von Vergänglichkeit geprägt sei. Dies sei kein Pessimismus, sondern eine nüchterne Feststellung der Grundbedingung des Lebens und könne gar nicht anders sein. Wenn etwas doch einmal so aussehe, als habe es Bestand, so könne man darüber glücklich sein und sich freuen. Letztendlich bliebe Beständigkeit aber eine Illusion.

In der Industriegesellschaft sei es genau umgekehrt, hier gehe man davon aus, das Leben habe Bestand und alles im Leben sei erreichbar, etwa durch moderne Medizin und Geld. Dies suggeriere, das Leben sei im Grunde glücklich und vollkommen und jeder habe automatisch Anrecht auf Erfüllung seiner Wünsche. Laufe es aber nicht so rund, fühle man sich vom Leben ungerecht behandelt und es entstehe

Verbitterung und Enttäuschung. Doch nicht nur das Schöne sei vergänglich, auch der Schmerz sei glücklicherweise flüchtig, denn alles sei zusammengesetzt. Deshalb schlägt der Dalai Lama vor, den Wandel zu akzeptieren, sich über die positiven Momente zu freuen und sich in Dankbarkeit zu üben für die Existenz als Mensch.

Dass die meisten tibetische Mönche und Nonnen so gerne lachen, hat also nicht nur mit ihrer Mentalität zu tun, sondern vor allem mit einer Lebenshaltung der Dankbarkeit und Gelassenheit. Dankbarkeit ist eine der wirkungsvollsten Ressourcen, um Freude zu wecken. Sie ist eine Kraft, die jedem zur Verfügung steht und bewusst aktiviert werden kann, um eine positive Lebenseinstellung zu entfalten. Allerdings lässt sie sich nicht erzwingen. Jeder erlebt Situationen von Hoffnungslosigkeit, Schmerz und Trauer, in denen Dankbarkeit keinen Platz zu haben scheint. Zumindest bleibt, den Schmerz bewusst wahrzunehmen und ihn so zu belassen, wie man ihn fühlt. Oftmals verliert der Schmerz dann seine Macht. Zumindest lässt sich sagen, dass man für diese Möglichkeit dankbar sein kann.

Übung

Rufen Sie sich ein Ereignis in Erinnerung, für das Sie dankbar sind.

Nehmen Sie aufmerksam wahr, was geschieht. Was passiert im Körper? Welche Gedanken entstehen? Welche Gefühle?

Entsteht Freude? Ein Lächeln?

Eigentlich ist es unmöglich, Dankbarkeit zu fühlen, ohne dass Freude entsteht, wenigstens ein bisschen.

Wie Dankbarkeits-Übungen wirken, haben die Begründer der Positiven Psychologie erforscht. Sie baten Probanden, einmal pro Woche fünf Dinge aufzuschreiben, für die sie dankbar waren. Nach zehn Wochen zeigte sich, dass sich die Teilnehmer zufriedener, optimistischer und gesunder fühlten als Teilnehmer, die fünf ärgerliche oder fünf neutrale Dinge notierten.

Solch ein Ritual kann auch bei Depressionen helfen. Menschen, die sich selbst als depressiv einschätzten, wurden in einer weiteren Studie gebeten, über einen Zeitraum von fünfzehn Tagen jeden Abend drei Ereignisse aufzuschreiben, die sie als gut einschätzten und für die sie dankbar waren. Nach Ablauf der Zeit fühlten sich 94 Prozent der Teilnehmer weniger depressiv. 92 Prozent gaben an, zufriedener zu sein.

Übung

Versuchen Sie vor dem Einschlafen, sich an drei Dinge an diesem Tag zu erinnern, für die Sie dankbar sind. Auch an Tagen, an denen alles schiefgelaufen scheint, lassen sich drei Dinge finden.

Um diese Dankbarkeits-Momente zu bewahren, ist es hilfreich, sie in einem Dankbarkeits-Tagebuch zu notieren. Ich habe damit gute Erfahrungen gemacht und versuche diese Übung regelmäßig vor dem Einschlafen zu machen. Falls ich einmal sehr lange darüber nachgrüble, schlafe ich dabei ein. Auch ein schöner Effekt.

Vielleicht fragen Sie sich, wofür soll ich denn alles dankbar sein? Naja, immerhin verfügen Sie über das Vermögen, diesen Text zu lesen. Das bedeutet, Farben und Formen zu erkennen, Buchstaben entziffern und deren Inhalt verstehen zu können. Thich Nhat Hanh rät in einer Meditation, sich gedanklich auf die Augen zu fokussieren und sich zu sagen: Beim Einatmen mache ich mir meine Augen bewusst, beim Ausatmen lächle ich meinen Augen zu.

Sehen zu können ist ein Geschenk, das die meisten Menschen erst dann zu würdigen wissen, wenn die Sehkraft nachlässt oder verloren geht. Wer dagegen blind ist, dem kann das Sehen der Farben wie das Paradies vorkommen. Die Sehenden leben darin, erkennen es aber nicht. Das gilt ebenso für andere Organe, für Herz, Lunge, Leber, Nieren, für all das, was gerade klaglos seinen Dienst erfüllt, wahrscheinlich, ohne dass Sie es bemerken, wenn Sie diese Zeilen lesen. Das Herz leistet Schwerstarbeit, schlägt millionenfach während eines Lebens. Was würde ein Mensch für ein gesundes Herz geben, wenn sich sein eigenes nach einer belanglosen Erkältung entzündet hat und zu schwach wird, weiterzuschlagen.

Wenn man es schafft, sich dies immer wieder bewusst zu machen und dafür dankbar zu sein, entsteht eine bleibende, tiefe Freude. Thich Nhat Hanh rät, sich beim Einatmen das Herz bewusst zu machen und ihm beim Ausatmen zuzulächeln. Ebenso Leber und Nieren anlächeln, sozusagen ein kleiner Flirt mit ihnen. Vielleicht erkennen Sie, dass Sie mit Ihren Organen behutsamer umgehen könnten. Haben Sie Ihre Leber schon einmal angegrinst und Ihre ungeteilte Aufmerksamkeit geschenkt? Was amüsant klingt, erfüllt einen tieferen Sinn: Achtsam mit dem umzugehen, was Ihnen geschenkt wurde und nicht ewig existieren kann.

Übung

Schließen Sie die Augen.
Beim Einatmen machen Sie sich Ihre Augen bewusst.
Beim Ausatmen lächeln Sie Ihren Augen zu.
Fühlen Sie, wie der Atem durch Ihre Augen zu strömen scheint.
Bedanken Sie sich bei Ihren Augen.
Entsteht ein Lächeln?

Wiederholen Sie dies, indem Sie sich Ihr Herz bewusst machen.

Geistesgifte – Wiedergeburt im Staubsauger

»Falls du glaubst, dass du zu klein bist,
um etwas zu bewirken,
dann versuche mal zu schlafen,
wenn ein Moskito im Zimmer ist.«

Dalai Lama

Ehe wir weiter nach buddhistischen Einsichten und Übungen suchen, die zu Freude führen, lohnt sich ein Blick auf das, was die Freude hemmt. Buddha nannte es *Kleshas*, negative Geisteshaltungen. Sie werden auch Geistesgifte oder drei Wurzeln des Unheilsamen genannt und gelten als Quelle des Leidens:
1. Gier
2. Abneigung, Hass
3. Verblendung durch falsche Ansichten

Im tibetischen Buddhismus spricht man auch von fünf Giften, es kommen folgende zwei dazu:
4. Stolz
5. Neid

Die Gifte erinnern an die Todsünden in der christlichen Tradition, doch werden im Buddhismus die *Kleshas* nicht als Sünden oder Verfehlungen angesehen, sondern als Haltungen, die Geist und Herz nicht zur Ruhe kommen lassen. Deshalb sei es weise, sie zu vermeiden, so die buddhistische Empfehlung. Doch so einfach ist das gar nicht.

Wie schön, ich bekomme Besuch von Friederike. Da ich einen guten Eindruck machen will, muss die Wohnung geputzt werden. Ich räume auf, sauge, wische Staub, jetzt darf mein Besuch kommen, Vorfreude ist doch die schönste Freude. Plötzlich habe ich aber das Gefühl, dass es doch ein bisschen eitel ist, die Wohnung so herzurichten, wie sie sonst selten aussieht. Ich überlege, wie ich ausgewählte Bereiche wieder etwas »normaler« machen könnte. Also verteile ich einige Dinge, die ich vorher weggeräumt hatte. Auf den Esstisch stelle ich einen Teller und ein Glas, leider sind beide sauber. Daher hole ich Käse und schmiere ein Brot, drapiere es auf dem Sofatisch. Das sieht gut aus!

Doch dann fällt mein Blick auf eine Gruppe Fruchtfliegen, die es sich auf der weißen Wand dicht unter der Küchendecke gemütlich gemacht haben. Die hatte ich total vergessen. Sie kommen vermutlich aus dem Mülleimer, in dem Obstschalen liegen. Ich öffne das Fenster, wedle mit einem Besen, um sie hinaus zu bitten. Sie flüchten in alle Richtungen, nur nicht aus dem Fenster. Ich greife ein Küchensieb, steige auf einen Stuhl, will wenigstens einige einfangen, vergeblich. Ich google: Wasser in eine Schale, Essig und Spülmittel rein und warten. Die Tiere werden durch den Essig angelockt, gehen bei der Landung durch die durch Spülmittel verursachte, fehlende Oberflächenspannung unter und ersaufen. Klingt brutal. Außerdem will ich so lange nicht warten. Friederike wird meine Wohnung eklig finden, mich auch und sich nie in mich verlieben.

Genervt werfe ich den Staubsauger an und mache Jagd auf die Fruchtfliegen. Mit diabolischer Schadenfreude beobachte ich, wie sie im Rohr verschwinden. Ein Moment später wird mir klar, was ich getan habe: Hunderte Leben gequält und zerstört, nur weil ich auf Friederikes Liebe hoffe. Das bedeutet schlechtes Karma und eine Wiedergeburt als Fruchtfliege, die in Spüli ertrinkt. Aber noch schlechteres Karma könnte mich erwarten, wenn ich denke, ich sollte nur deshalb etwas tun oder lassen, damit mich kein schlechtes Karma erwartet.

Ich schleppe den Staubsauger in den Hof, öffne ihn in der Hoffnung, einige Tiere könnten überlebt haben. Staub weht mir aus dem überquellenden Beutel entgegen, ich huste, kein lebendiges Wesen zu sehen, offensichtlich sind alle tot.

Meine Stimmung ist am Boden. Das Einzige, was bleibt ist, mich bei den Fliegen zu entschuldigen und ihnen eine freudvolle Wiedergeburt zu wünschen.

Schuldbeladen tappe ich mit meinem Staubsauger zurück in die Wohnung. Und wer empfängt mich? Dutzende Fruchtfliegen tummeln sich in der Küche. Das war aber Reinkarnation rapido. Auch zwei Kleidermotten sind hinzugekommen, die mich freudig umsurren. Eine zweite Chance!

Nun lade ich die Tiere dazu ein, so lange in meiner Wohnung zu bleiben, wie sie wollen. Es klingelt. Ich gehe zur Tür, mein Schwarm surrt hinter mir her. Ich hoffe, dass sich meine Gäste gut verstehen.

Kleshas, das wird schnell klar, sind alltägliche Begleiter. Buddha sah in ihnen die Ursachen für *Dukkha,* das uns immer wieder einholt. Egal, was man will, sobald man der Überzeugung ist, es unbedingt haben zu müssen, entsteht Stress. Ebenso, wenn man etwas loswerden will. Zuneigung und Abneigung gehören zum menschlichen Leben. Doch wenn sie in Gier oder Hass umschlagen, ist der Spaß vorbei.

Buddha wies darauf hin, dass ein starker Wille wichtig sei, um den spirituellen Weg zu gehen und sich Befreiung zu wünschen. Man muss die Meditation wollen, insbesondere, wenn sie während Durststrecken keinen Erfolg verspricht. Auch die Freude ist etwas, das gewollt werden will. Interessant wird es, wenn der Wunsch nach Freude zur Vergnügungssucht wird, zum Drang, sich abzulenken und sich gut fühlen zu müssen. Dann geht die innere Freude, *Piti,* unter. Es fühlt sich gut an, es ist lustvoll, von »Kick« zu »Kick« zu surfen. Darin liegt das Problem. Überall warten spannende Dinge, die man besitzen und haben will. Die Ursache für diese Haltung sah Buddha in der Unwissenheit darüber, was in einem früheren Kapitel als die drei Merkmale des Daseins beschrieben wurde: Vergänglichkeit, Nicht-Ich, *Dukkha*. Er empfahl deshalb, sich darin zu üben, Gier und Hass wahrzunehmen und zu erkennen. Die Übung der Achtsamkeit hilft, sich zu beobachten, wenn dieses unbedingte Wollen oder Hassen aufblitzt.

Deshalb gibt Buddha den Tipp, weniger geschäftig zu sein und bewusst auf Tätigkeiten zu verzichten. So lässt es sich vermeiden, nur noch zu funktionieren, auf Autopilot zu schalten und nichts wirklich mitzubekommen. Oftmals entsteht dadurch zunächst Unruhe im Geist und der Drang, sich beschäftigen zu wollen. Dies gilt es, wahrzunehmen. Wenn uns das gelingt, beruhigt sich der Geist und es wächst Raum für Freude.

Vier unermessliche Freuden

»Meditation ist ein Fortbewegungsmittel.«

Almut Adler

Obwohl ich aus der Tradition des *Theravada* komme und seit vielen Jahren die Achtsamkeits-Meditation als so etwas wie meine meditative Heimat verstehe, fasziniert mich die Buntheit und Vielfalt des tibetischen Buddhismus. Insbesondere, weil hier das Erleben von Freude besondere Wertschätzung erfährt. Höchste Freude drückt, so der Glaube der Tibeter, unseren eigentlichen Zustand aus, die Natur des Geistes.

So sitze ich bei einer Belehrung des 17. Karmapa Dorje und rezitiere mit vielen hundert Zuhörern »Om mani padme hum«, das Mantra auf Tschenrezi, auch Avalokiteshvara genannt, den Bodhisattva des Mitgefühls. Die Wiederholung von Mantras kann störende Eindrücke und Gewohnheitsmuster in Körper, Rede und Geist beseitigen. Tschenrezi wird häufig mit vier oder mehr Armen dargestellt, Symbol für die Vier Unermesslichen. Vorne in der riesigen Meditationshalle sitzt der 17. Karmapa auf einem prächtigen, aus Holz geschnitzten Thron, Urgyen Trinley Dorje. »Karmapa« ist wie »Dalai Lama« ein Titel des Linienhalters im tibetischen Kagyü-Buddhismus und bedeutet übersetzt: »Derjenige, der die Aktivitäten des Buddhas ausführt«. Hinter ihm glänzt eine Thangka im Scheinwerferlicht, ein bonbonbuntes Bildnis des Buddhas Akshobhya, der das Geistesgift Zorn in Weisheit umwandelt.

VIER UNERMESSLICHE

Die Vier Unermesslichen, auch Brahma-Viharas oder Vier himmlische Verweilzustände genannt, genießen in allen buddhistischen Traditionen hohe Wertschätzung. Sie bezeichnen vier Geisteshaltungen der Verbundenheit mit allen Wesen.

1. Liebende Güte (*Metta*): Eine universelle, altruistische Zuneigung gegenüber allen Wesen, einschließlich sich selbst.
2. Mitgefühl (*Karuna*): Anteilnahme am Leid anderer Wesen und dem eigenen Leid und das Bemühen, das Leiden zu lindern.
3. Mitfreude (*Mudita*): Anteilnahme an der Freude anderer Wesen und der eigenen Freude.
4. Gleichmut (*Uppekha*): Heitere Gelassenheit, durch die man Phänomene mit gleichem Mut, also offen und ohne zu beurteilen, begegnen kann.

Diese vier Geisteshaltungen werden als unsere innewohnende Natur betrachtet, als Qualitäten, die wir auf die Welt mitbringen. Sie bei sich und anderen zu entdecken, ist eine der Hauptaufgaben jedes Buddhisten. Durch *Samsara*, das Spiel des Geistes, sind sie verdeckt. Ein Alltag, der allein durch diese Geisteshaltungen geprägt wäre, böte ein Leben voller Freude, Weisheit und Güte. Diese zu erlangen ist nicht so einfach, das liegt auf der Hand. Immer wieder kommen die Geistesgifte dazwischen.

Das Mantra »Om mani padme hum« bewegt mich immer wieder, die Rezitation gemeinsam mit so vielen Menschen ist eine tiefgehende Erfahrung. Ich fühle, wie ich eins werde mit dem Klang, und empfinde tiefe Freude und Dankbarkeit, dass ich an diesem Ort sein darf. In meiner Nähe rezitieren tibetische Mönche das Mantra, die ich während einer Pause lachend und schwatzend im Foyer beobachtete. Lamas, Rinpoches, Mönche können sich freuen wie kleine Jungs.

Einmal, so berichtet eine Legende, kam ein Mann zu Buddha und fragte, ob es nicht schrecklich langweilig sei, so als Mönch auf dem Weg zu Erleuchtung. Immer nur Vorträge halten, meditieren, um Essen betteln. »Stimmt«, soll der Erwachte lächelnd erwidert haben, »manchmal ist es etwas eintönig. Aber wenn ich Abwechslung brauche, dann gönne ich mir die zweite Versenkungsstufe.«

Buddha unterschied vier (in manchen Traditionen spricht man von acht) Stufen der Versenkung, Jhanas. Die erste Vertiefung erzeugt ein angenehmes Glücksgefühl und Gedanken kommen zur Ruhe. Bei der zweiten Vertiefungsstufe wächst ein ultimatives Gefühl von Freude, ein Verzückungszustand inneren Friedens durch das Loslösen von Gedanken, ein ozeanisches Gefühl der Verbundenheit. In den weiteren Vertiefungen kühlt sich diese Freude zu einem Zustand achtsamen Gleichmuts wieder ab. Es ensteht also eher ein Gefühl wunschloser Zufriedenheit, bis hin zu unbeschreibbaren Phasen von gleichzeitigem Sein und Nicht-Sein.

Für Buddha ist die zweite Versenkungsstufe so etwas wie ein geschicktes Mittel, *Upaya*, um zur Meditation zu verlocken. Es kann so schön sein, dass man es unbedingt wieder erleben will. Buddha rät, hier nicht haften zu bleiben, sondern weiter zu sitzen, egal, was passiert, denn sonst drohe das Kleben am Wohlgefühl. Als kleines Medi-Unterhaltungs-Wohlfühlprogramm für zwischendurch findet er es aber prima.

Mitfreude – Gebefreude

»Und ich habe mich so gefreut!, sagst du vorwurfsvoll, wenn dir eine Hoffnung zerstört wurde. Du hast dich gefreut – ist das nichts?«

Marie Freifrau von Ebner-Eschenbach

Angenommen, Sie sehen im Fernsehen, wie eine Schauspielerin bei der Oscar-Verleihung die begehrte Trophäe überreicht bekommt und sich wie eine Schneekönigin freut. Dem Kinostar rinnen Freudentränen über die Wangen, sie hüpft über die Bühne und stammelt ins Mikrofon, wie überglücklich sie sei. Wie reagieren Sie? Können Sie sich mitfreuen? Oder denken Sie an die Schauspielergagen, die Anerkennung und fühlen ein Gefühl von Ablehnung, vielleicht sogar Eifersucht und Neid? Wenn ja, ist das zutiefst menschlich. Aber eigentlich schade. Denn würde Ihnen ein Nachteil entstehen, wenn diese Freude auf Sie überspränge? Wissend, dass das Glück eines Menschen vergänglich ist und deshalb so kostbar. Und wie würden Sie reagieren, wenn Ihr geliebtes Kind, Ihr Partner, Freund, Ihre Mutter oder Ihr Vater die Auszeichnung bekäme? Wahrscheinlich würde dann die Freude auch Sie mitreißen.

Übung

Erinnern Sie sich daran, wie Sie einmal Mitfreude, *Mudita*, erlebt haben. Vielleicht mit einem Mensch, den Sie lieben? Oder einem Tier (auch die können sich freuen)?

Versuchen Sie, dieses Gefühl noch einmal mit allen Sinnen wahrzunehmen. Mit wem war das? An welchem Ort? Worüber hat sich der andere gefreut?

Lässt sich dieses Gefühl auf Menschen übertragen, mit denen Sie sich nicht freuen können?

Wir alle erleben, dass Mitfreude eine große Herausforderung ist. Dabei ist der Vorteil offensichtlich. Wollen Sie sich mehr, häufiger und intensiver freuen, bietet es sich an, sich mit und für andere Menschen zu freuen, nicht nur mit denen, die Sie mögen. Durch Mitfreude entsteht eine Verbindung und damit auch Mitgefühl und Güte. Deshalb wird *Mudita* in den Vier Unermessliche als heilsame Haltung gewürdigt und empfohlen, diese zu üben.

Nachrichten vom Glück anderer führen häufig zu Missgunst, einer Art tief sitzendem Futterneid. Man möchte den Erfolg selbst erleben oder missgönnt jemandem sein Glück, weil er es weniger verdient hat. »*Good news is no news*«, heißt es im Medienbusiness. Psychologen sprechen dabei von einem Vergleich nach oben, den das Denken ausführt, ohne dass wir diesen Vorgang bemerken. Angesichts von Erfolg, Anerkennung und Glück anderer geht die Laune oft in den Keller.

Werden wir dagegen mit Leid konfrontiert, kann das entlastende Gefühl entstehen, selbst noch mal davon gekommen zu sein. Dieser Vergleich nach unten zeigt, uns selbst geht es eigentlich gut und wir könnten dankbar sein für das, was wir haben. Dieses Annehmen kann entlastend sein, Gefühle wie Habenwollen, Neid und Eifersucht kommen zur Ruhe. Zudem entstehen ein Impuls von Mitgefühl und der Wunsch zu helfen, allerdings nur, solange der Schmerz uns nicht überwältigt und wir uns hilflos fühlen.

Das Wohlergehen anderer zu erkennen, auszuhalten, wertzuschätzen und sich darüber zu freuen, bedarf der Übung und eine langsame Umschulung des Geistes. Oft fällt es jedoch sogar schwer, sich über die eigene Freude zu freuen, da man der Meinung ist, man habe sie nicht verdient oder nach ihr drohe zwangsläufig eine Bestrafung. Freude wird mit Stolz und Hochmut in Verbindung gebracht, nicht nur in der christlich bestimmten Welt, auch Buddhisten tun sich mit Freude häufig schwer.

Zu den häufigsten Ursachen dafür gehören Mangel und Bedürftigkeit. Buddha wies darauf hin, dass wir uns leichter mit anderen freuen können, wenn wir uns die eigenen positiven Eigenschaften wie Güte, Mitgefühl, Weisheit bewusst machen, sie wertschätzen und uns an ihnen erfreuen.

Ein Sufi sagte zu einem buddhistischen Mönch: »Ich bin innerlich so frei und so sehr von allem losgelöst, dass ich nie mehr an mich selber denke, sondern nur noch an andere.«

Der Mönch erwiderte: »Ich bin innerlich so frei und so sehr von allem losgelöst, dass ich mich selbst betrachten kann, als wäre ich ein anderer. Und deshalb kann ich auch an mich selbst denken.«

Weitere gedankliche Hilfe leistet erneut die Philosophie des Nicht-Ich und des bedingten Entstehens. Wer sich bewusst macht, dass das Ich eines anderen letztlich ein Konzept des eigenen Denkens ist und Glück und Freude des anderen von tausenden Bedingungen abhängen, für den besteht kein Grund, neidisch zu sein. Das Glück des anderen verliert seine Bedrohlichkeit. So können wir uns mit der freudvollen Energie verbinden und uns über die Freude an sich mitfreuen, sie losgelöst von Personen als Qualität wahrnehmen, als Ausdruck einer angeborenen Lebensfreude und der eigentlichen Natur des Geistes.

Bei der Übung von *Mudita* darf und soll man sich mit einbeziehen und an den eigenen positiven Absichten, Fähigkeiten und Handlungen erfreuen.

Übung

Legen Sie eine Liste Ihrer positiven Eigenschaften, heilsame Qualitäten, Erfolge, Handlungen etc. an.

Vielleicht fällt es Ihnen schwer, weil Sie dies mit Stolz, Hochmut und Egoismus in Verbindung bringen? Versuchen Sie es trotzdem, egal wie lang oder kurz die Liste ausfällt.

Hilfreich ist es, nicht nur Leid und Schmerz achtsam wahrzunehmen.

Wie fühlt sich Freude an? Wo im Körper? Was passiert? Wie fühlt sich Mitfreude an?

Betrachten Sie sich die Liste immer mal wieder, erweitern Sie diese und begegnen Sie sich selbst mit Freude, Anerkennung und Wertschätzung.

Ein weiterer Weg, Freude bei sich und anderen zu erzeugen, ist *Dana*, die Gebefreude. Für Buddha ist sie eine der zentralen heilsamen Handlungen, die es immer wieder zu praktizieren gilt.

Buddha unterschied drei Arten des Gebens, die sich hinsichtlich ihrer Motivation unterscheiden:

1. Wie ein Bettler. Dies ist die einfachste Art, zu geben. Ich gebe das weg, was ich sowieso nicht benötige.
2. Freundlich. Ich gebe einen Teil von dem ab, was ich selbst brauche, teile also. Aber ich behalte den größeren Teil.
3. Königlich. Das ist laut Buddha die schwierigste Art zu geben. Ich gebe von meinem eigenen Besitz mehr, als ich selbst behalten will.

Wenn Sie das Geben üben, entsteht Mitfreude durch die Verbundenheit mit dem Beschenkten und dessen Freude. Diese Praxis betrifft neben materiellem Besitz auch Zeit,

Wissen, Gefühle etc. Eine besondere Form der Gebefreude ist die Ver-Gebung. Hier führt man einen Zustand zurück zu seinem Ursprung, den der Un-Schuld, indem man die Situation vor einer Tat wiederherstellt.

Geben können Sie auch auf sich selbst anwenden, indem Sie sich etwas geben. Dadurch entsteht Freude. Auch sich selbst zu vergeben ist eine Form von *Dana*.

Zurück zur Buddha-Natur

»Optimisten haben gar keine Ahnung von den freudigen Überraschungen, die Pessimisten erleben.«

Peter Bamm

Wäre es nicht schön, wenn man in sich Freude abgespeichert hätte, um bei Bedarf darauf Zugriff zu haben? Eine Freude, die keine freudvollen Ereignisse braucht, sondern ganz automatisch erwächst? Für Buddha ist Freude mehr als etwas, das sich gut anfühlt. Sie ist Ausdruck dessen, was als die wahre Natur jedes Lebewesens angesehen wird: die Buddha-Natur. Widmet man sich dem Gewahrsein der Buddha-Natur, wird Bodhicitta, der Erleuchtungsgeist, geweckt. Er ist Ausdruck des grenzenlosen Mitgefühls für alle Wesen.

Dieses Mal sitze ich in der Meditationshalle des Zentrums *Karma Guen* des Diamantweges, nahe des spanischen Malaga. Beim tantrischen Buddhismus, auch *Vajrayana*-Buddhismus oder Diamantweg genannt (siehe das Kapitel zur kleinen Fahrzeugkunde), symbolisiert der Diamant die Wahrheit, die wie der Edelstein als unzerstörbar und kostbar gilt. Tantra, Faden oder Gewebe, bedeutet, dass sich die Praktizierenden mit einer Art Ur-Faden vereinen können, der alles durchwebt. So verbindet man sich mit der Ganzheit, die das Gewebe des Universums ausmacht.

Ich beobachte tibetische Mönche, die lachend und bestens gelaunt hereinkommen. Im Licht der Scheinwerfer glänzt das Gold einer Buddha-Statue, dahinter hängt ein turmhohes Wandgemälde mit den Bildern zahlloser Bodhisattvas, die auf die Zuhörer hinunterblicken. Ich erfreue mich an der Pracht, den Farben, Formen, dem Gesang der Mantren, Ausdruck der menschlichen Fantasie.

Trotz der Sommerhitze vollführen erleuchtungssuchende Diamantweg-Buddhisten Niederwerfungen, recken die Arme, beugen sich nach vorne, fallen auf die Knie, rutschen auf ihren Händen über eine glatte Holzplatte nach vorne und erheben sich, um wieder von vorne zu beginnen. 111.111 Verbeugungen müssen es sein, bis man die nächsthöhere Lehre erhält. Jeder auf dem Pfad soll dabei lernen, Demut und Hingabe zu praktizieren, mit Widerständen umzugehen und eine innere Reinigung zu vollziehen.

Ich staune immer wieder, mit welcher Energie die fast schon akrobatischen Übungen ausgeführt werden. Manche arbeiten schweißgebadet in aberwitzigem Tempo. Mich erinnert das Ganze an ein Fitnessstudio. Ein Schüler berichtet mir, er tausche sich mit anderen aus, wie viele Niederwerfungen man so in einer Stunde schafft. Früher habe man wieder bei null anfangen müssen, sobald man sich verzählt hatte, heute würde dies lockerer gesehen. Immerhin, so denke ich, ist es ein Training für den Kreislauf und hält fitter als stundenlanges Rumsitzen in Meditationshaltung und langsame Geh-Meditationen.

Aber hier handelt es sich auch um einen Lama, der den Pfad zur Erleuchtung gerne in veritabler Geschwindigkeit auf dem Motorrad oder an einem Fallschirm erlebt. Hunderte Sinnsucher lauschen den Worten Ole Nydahls, dem dänischen Lama des Diamantweg-Buddhismus. Locker spricht er von der höchsten Freude, trägt Jeans anstatt der roten

Robe wie andere Lamas. Er erklärt Mahamudra, wörtlich übersetzt »Großes Siegel«, für tantrische Buddhisten die Essenz buddhistischer Lehre. Durch Erkennen der höchsten Wirklichkeit soll der Übende in einen vollkommenen Zustand gelangen, in dem dualistische Geistes-Konzepte überwunden sind und die dauerhafte Erfahrung einer absoluten Wirklichkeit möglich ist. Auf diesem Pfad wird auch Sexualität nicht als hinderlich empfunden, sondern als Teil des Lebens und kraftvolle Energie, die es zu nutzen gilt. Zölibatäre Mönche und Nonnen dürfen sie in Güte und Weisheit transzendieren, Laien und Lamas sie mit Mitgefühl praktizieren. Ole Nydahl hat sich und seine Schülern ganz dem Guru-Yoga verschrieben, der Meditation auf und der Hingabe an den Lama, die zum vollkommenen Ziel führen. Die Illusionen der Welt seien trügerisch, aber trotzdem schön. Zuletzt ist alles eins, nur Geist und reine Freude, und es darf genossen werden.

Ich frage mich, ob diese Verschmelzung wirklich der Durchbruch zur Buddha-Natur, zur reinen Natur des Geistes ist? Oder ob sie nicht doch eher Identifikation mit dem Lama und seiner Gemeinschaft ist, neue Abhängigkeit erzeugt und zu einer unkritischen Guru-Verehrung führt. Darauf muss wohl jeder seine persönliche Antwort finden.

Interview mit Ole Nydahl

Was bringt dich zum Lachen?

Es gibt so ein schützendes Lachen, das habe ich eigentlich nicht. Das haben viele, wenn etwas passiert, das sie nicht haben wollen. Sie lachen dann. Ich sehe meistens irgendeine Art von Weisheit in dem, was die Leute tun. Bei mir wird alles umgekehrt ins Nützliche und Spaßvolle. Denn ich lebe in dem, was man im Buddhismus ein reines Land nennt. Wo jedes Geräusch wie ein Mantra klingt und jeder Gedanke irgendwie spannend ist.

Was ist für dich Humor?

Humor ist alles, was uns über die allgemein gesetzten Grenzen führt, Grenzen von Politik, von Gefühlen, sogar von Kriegen. Er erlaubt uns, Sachen von oben anzuschauen. Wenn man über etwas lachen kann, zeigt man: Ich bin hier der Boss.

Kann Humor ein geschicktes Mittel auf dem buddhistischen Weg sein?

Ja, er entspringt dem Gefühl, dass die Welt stimmt und man weiß, was man macht. Lachen ist ein Wiedererkennen: Ich bin auf einem Gebiet, das ich verstehe. Ich kann Geräusche machen und muss nicht erwarten, dass die Leute mir etwas Übles wollen und mit dem Messer kommen, sondern dass sie etwas teilen wollen. Also ein Weg, sich zu öffnen.

Ist denn Humor für dich auch ein Mittel, kritisch gegenüber eigenen Konzepten zu sein?

Ja, es ist sehr gut, dass man sich selbst veräppelt, wenn man eine Dummheit gemacht hat. Das Lachen schält viele Ego-Zustände weg und man kann sagen: Muss aber komisch ausgesehen haben. Habe ich das wirklich gesagt? Volle Entwicklung ohne Humor ist nicht möglich.

Hatte Buddha Humor?

Wenn jemand einen guten Witz über Buddha gemacht hätte, dann hätte er über sich selbst gelacht. Wenn Leute nicht über sich selbst lachen können, dann sind sie gefährlich.

Hast du einen Witz, der dir besonders gefällt?

Bei einer großen Weltraumkonferenz in Brüssel kommen verschiedene Nationen zusammen. Die Amerikaner brüsten sich, dass sie zum Mars fliegen werden. Die Russen entgegnen, das sei gar nichts, sie fliegen zur Venus. Am Ende der Konferenz melden sich die Belgier: »Das alles ist nichts im Vergleich zu uns. Wir werden zur Sonne fliegen.« Die anderen lachen: »Das geht nicht, ihr werdet sofort verbrennen.« »Nein«, antworten die Belgier, »unsere Wissenschaftler haben den wissenschaftlichen Durchbruch erzielt: Wir fliegen nachts!«

Ole Nydahl ist Lama des Diamantweg-Buddhismus. Er repräsentiert Lehren der tibetischen Karma-Kagyü-Schule. Seit Anfang der 1970er Jahre hält er Vorträge und Meditationskurse und gründete zahlreiche buddhistische Meditationszentren.

Nachdem Ole Nydahl geendet hat, erklimmt Karmapa den Thron, das Gemurmel von vielen hunderten Anhängern versiegt. Mit leiser, sanfter Stimme spricht er über Bodhicitta, den Erleuchtungsgeist, der die Motivation eines Bodhisattvas ausdrückt, die Buddhaschaft nicht aus Eigennutz, sondern zum Wohle aller Wesen zu erlangen. Dieses Mal heißt der 17. Karmapa Thaye Dorje, denn es gibt zwei 17. Karmapas. Zahlreiche Buddhisten zerbrechen sich den Kopf, wie sich ein Lama gleichzeitig zweimal reinkarnieren kann. Jede Fraktion beharrt darauf, ihr Karmapa sei der richtige. Man wirft sich gegenseitig Lügen und die Spaltung der Linie vor. Andere nehmen es gelassener und sehen dieses Rätsel als Herausforderung für die Entwicklung ihres Geistes an. Die Lösung wäre einfach: Nimm zwei. Doch es geht dabei um weltliche Belange wie Macht, Geld und Einfluss. Von außen betrachtet entsteht eine gewisse Komik, wenn Buddhisten sich um Mitgefühl und liebende Güte bemühen, anderen Buddhisten aber Vorwürfe um die Ohren hauen. Und so sind es die Anhänger, die sich in die Haare bekommen. Wie man gerüchteweise hört, haben beide 17. Karmapas miteinander telefoniert, sich getroffen und verstehen sich prima.

Buddha-Natur

Die Buddha-Natur wird als unsere innewohnende Natur betrachtet, als das Potenzial der Buddhaschaft in jedem Wesen, als die wahre Natur, unzerstörbar und ungeboren, denn sie ist weder von äußeren Einflüssen noch von psychischen Veränderungen beeinflussbar. Sie wird als das angesehen, was übrig bleibt, wenn alle Geistesgifte entfernt sind.

Als Metapher gilt der Himmel, der von Wolken bedeckt ist. Lösen sich die Wolken auf, die für Gedanken und Gefühle stehen, die uns anhaften lassen, so entsteht die blaue endlose Weite des Raumes. Dieser steht für die Natur des Geistes, die leer ist.

Die in jedem angelegte Buddha-Natur stellen sich tantrische Buddhisten als klares Licht vor. Durch diese Übung sollen sich innewohnende Qualitäten wie Weisheit und Mitgefühl, Freude und Furchtlosigkeit manifestieren. So kann auch Freude durch eine Vorstellung kultiviert und gelebt werden, ohne dass im Äußeren etwas Freudvolles geschieht. Eigentlich ist es weniger entscheidend, ob nun so etwas wie die Buddha-Natur existiert oder nicht. Man kann sie als geschicktes Mittel verstehen, den Meditierenden zu locken und seinen Geist zu beruhigen. Wichtig ist die Wirkung, denn das Konzept hat ethische Konsequenzen. Wenn jedes Wesen über die Buddha-Natur verfügt, dann bedeutet das eine universale Gemeinsamkeit. Studien zeigen, dass wir auf Menschen, mit denen wir meinen, etwas gemeinsam zu haben, viel wohlwollender reagieren und uns mit ihnen verbunden fühlen. Durch die Einsicht, dass alle Wesen die Buddha-Natur in sich tragen, entsteht tiefe Verbundenheit. In jedem steckt ein Buddha, von daher ist es möglich, jedem, auch einer Person, die man ablehnt, aufrichtiges Mitgefühl entgegenzubringen. Dieses Konzept entlastet und führt zu einer grundlegenden Freude, denn man kann annehmen, was geschieht, und aufhören zu kämpfen.

Daraus entspringt das Ideal des Bodhisattva. Aspiranten verpflichten sich durch ein Gelübde, sich um das Wohlergehen aller Wesen zu bemühen, für sie nützlich zu sein und so lange auf die eigene Erleuchtung zu verzichten, bis alle Wesen befreit sind. So fühlt man sich im Dienst einer höheren Wahrheit, gewinnt Kraft für Liebe, Mitgefühl, Gleichmut.

Nach dem Vortrag meditieren wir auf den verstorbenen 16. Karmapa, eine Meditation, um mit Hilfe des Segens des Lamas die Natur des Geistes zu erkennen und die Verbindung zur Buddha-Natur zu erleben. Dazu stellen wir uns vor, eins zu werden mit dem Lama, indem wir ihn in reines Licht verwandeln und dieses Licht in uns einfließen lassen. Die Idee dahinter ist, dass jeder im Grunde schon Buddha ist und sich wie er verhalten kann, bis man selbst tatsächlich dazu geworden ist.

Obwohl mir diese Visualisierungsübungen auf einen Lama fremd bleiben, fühle ich doch, wie mein Geist zur Ruhe kommt, wie ich mich mit den Menschen um mich herum tief verbunden fühle. Ein ozeanisches Gefühl des Eins-Seins entsteht, das Gefühl, angekommen zu sein, dass alles richtig ist, genau so, wie es in diesem Moment ist.

Nach einer Stunde ist alles vorbei, die Menschen strömen in die Mittagspause. Ich habe mich gemeldet, Essen auszugeben, erklimme den Berg hinauf zu dem Zelt mit den Bänken und der Essensausgabe. Dort erhalte ich eine Plastikschürze und werde neben einer riesigen Schüssel mit Rotkrautsalat positioniert. Links von mir dampfen Töpfe mit Kartoffelbrei und Gulasch. Vor der Erleuchtung Rotkrautsalat schnippeln und austeilen – nach der Erleuchtung Rotkrautsalat schnippeln und austeilen.

Beschwingt von meinem Meditationserlebnis, rufe ich, während ich mit einer Kelle Rotkrautsalat auf den Plastiktellern platziere: »Bitte schön, ein bisschen Leerheit als Ausdruck höchster Freude. Guten Appetit.«

Manche lachen, andere reagieren verdutzt, verziehen keine Miene, wiederum andere sehen mich pikiert an, als wollten sie sagen, über die Leerheit mache man keine Scherze.

Jemand will Nachschlag.

»Klar, Leerheit ist genug da.«

Das allerdings ist eine gewagte Behauptung, denn die Schüssel ist tatsächlich leer. Nachschub rollt an. Ich schwitze, muss niesen, meine Hand ist lahm, mein Rücken schmerzt, ich versuche, mich auf meinen Atem zu fokussieren und mich meiner Buddha-Natur zu erinnern.

Glücklicherweise werde ich bald erlöst. Ich stelle ich mich selbst an, bekomme einen Rest vegetarische Lasagne und lasse das Essen achtsam im Mund zergehen.

Was für eine Freude, einfach nur dasitzen und denken, beispielsweise nichts.

7.
Scherz gegen Schmerz

»Tut es weh?«
»Nur, wenn ich lache!«

In einem Gleichnis berichtet Buddha von einem Krieger, der von zwei Pfeilen getroffen wird. Der erste schmerzt fürchterlich und hat eine böse Verletzung zur Folge. Diesem Pfeil kann kein Mensch, nicht einmal ein kluger und tapferer Krieger entrinnen, denn er ist Ausdruck von *Dukkha*, jenem Leid, dem jedes Wesen unterworfen ist. Was kann der Krieger tun? Buddha erklärt, es mache wenig Sinn über den Absender des Pfeiles nachzugrübeln, darüber, wer es sei, wie alt, warum er es getan habe. Vielmehr solle man den Pfeil sofort herauszuziehen. Gelinge dies nicht, folge ein zweiter Pfeil und den würde der Krieger gegen sich selbst schießen. Das zweite Geschoss sei noch schmerzvoller und verstärke *Dukkha*. Der erste Pfeil ist das Warnsignal, der zweite Pfeil das unnötige Leid, das einem Menschen widerfährt, der einen ungeschulten Geist hat.

Dreißig Minuten sind längst um. Ich verdrehe meinen Arm, um trotz Akupunkturnadeln einen Blick auf meine Uhr zu erhaschen. Gar nicht so einfach, wenn man mit dem Bauch auf einer schmalen Liege platziert wurde, im engen Raum einer Arztpraxis mit glühender Heizung und Wellness-Musik, die aus einem Lautsprecher plätschert. Mein Nacken ist verdreht, der Rücken brennt. Rund ein Dutzend Nadeln stecken in Schulter, Füßen, Händen, Po und Ohren. Immerhin habe ich das Reinpieksen gut hinter mich gebracht, indem ich bei jedem Stich laut aufgelacht habe. Das hat den Schmerz unterdrückt und die Ärztin zum Mitlachen animiert. Doch jetzt würde ich doch gerne erlöst werden.

Vielleicht hat man mich einfach vergessen? Vom Schrank grinst mich ein goldener Buddha an. Heute ist Freitag, dann kommt das Wochenende, Feiertage. Nächste Woche findet die Reinigungskraft einen verdursteten Patienten. Darf ich mir die Pfeile, sprich Nadeln, selbst rausholen? Was wird die Ärztin sagen? Fast eine Stunde geht vorbei und die Position wird unerträglich. Zorn steigt auf, aber auch das Gefühl von Scham und Peinlichkeit, sogar die Angst eines Kindes, wirklich vergessen worden zu sein. Der zweite Pfeil kommt angeflogen. Ich entschließe mich, Buddhas Ratschlag wörtlich zu nehmen und mir die Dinger rauszureißen. Also wälze ich mich auf die Seite, ein Schmerz wie ein Blitzeinschlag, eine Nadel hat sich noch tiefer reingebohrt. Dann rolle ich in die andere Richtung, ziehe die hauchdünnen Folterinstrumente aus Händen und Ohren, taste mein Rückgrat ab, finde vier, dann noch einige im Fuß.

Kleider an und raus aus der Kabine. Ich stelle mich an den Tresen und frage die Arzthelferin nach einem neuen Termin. Leider sind alle für die nächsten gefühlt zweihundert Wochen ausgebucht. »Aber ich setze Sie gerne auf eine Warteliste«, säuselt die Dame. Auch gut, denke ich und fühle, dass sich mein Körper überraschend entspannt anfühlt. Dass ich mich selbst befreit habe, ist niemandem aufgefallen.

Leider lassen sich die Pfeile nicht immer so einfach rausziehen. Ein zentrales Thema im Buddhismus ist es, sich die Geschosse, denen wir nicht entfliehen können, bewusster zu machen. Damit sind Schmerzen gemeint, die aus Vergänglichkeit, Krankheit, Tod resultieren. Buddha empfahl Mönchen und Nonnen, bei Verbrennungen von Leichen anwesend zu sein und Gedanken und Gefühle dabei achtsam wahrzunehmen. Das schärfe den Blick für den Wandel der eigenen Existenz und öffne den Geist für Räume jenseits der materiellen Welt.

1. Der Tod ist absolut sicher.
2. Wann der Tod eintrifft, ist völlig unsicher.
3. Zum Zeitpunkt des Todes bleibt nur, wie wir uns im Leben geistig, emotional, spirituell entwickelt haben.

Aus dem Pali-Kanon

Diese Grundmerkmale der menschlichen Existenz sind kaum zu leugnen. Angesichts von Leid sind Buddhismus und Humor sozusagen ganz in ihrem Element. Beide verdanken ihre Existenz dem Schmerz und verfolgen eine ähnliche Strategie: dem Leid mit mehr Gelassenheit, innerem Raum und Gleichmut zu begegnen, um den Augenblick annehmen zu können. Denn bei Schmerzen hört der Spaß auf und es beginnen Humor und Achtsamkeit, durch die es möglich wird, eine Sache aus einem ganz neuen Blickwinkel zu betrachten:

Ein Gelehrter fragte den Zen-Meister Gudo: Was geschieht mit einem erleuchteten Menschen nach seinem Tod?«

Gudo erwiderte barsch: »Woher soll ich das wissen?«

Der Gelehrte sagte: »Warum? Weil du ein Meister bist.«

Gudo bemerkte daraufhin: »Ja, aber kein toter.«

Übung: Schmerz visualisieren

Mit dieser Übung erforschen Sie aktiv leichte oder starke Schmerzen. Am besten lesen Sie folgende Beschreibung vorher durch und führen dann die Übung aus.

Nehmen Sie eine aufrechte, aber bequeme Sitzhaltung ein.

Versuchen Sie, sich nicht anzulehnen. Achten Sie für fünf Minuten auf Ihren Atem. Stellen Sie sich dazu einen Wecker. Ich empfehle Ihnen, die Augen zu schließen.

Spüren Sie nach, wie die kühle Luft in Ihre Nase einströmt. Wie sich Brustkorb und Bauch heben.

Dann strömt die Luft wieder durch die Nase aus. Bauch und Brustraum senken sich.

Zwischen den Atemzügen ergibt sich eine kleine Pause.

Versuchen Sie, diesen Moment zwischen den Atemzügen bewusst wahrzunehmen.

Nun richten Sie die Aufmerksamkeit auf Ihren Körper.

Nehmen Sie wahr, wo Sie den Schmerz spüren. An welcher Stelle Ihres Körpers nehmen Sie ihn wahr? Vergessen Sie dabei nicht, immer wieder Kontakt zu Ihrem Atem aufzunehmen.

Wie groß ist die Stelle des Schmerzes? Punktförmig, flächig, breitet er sich an andere Körperstellen aus?

Wie fühlt sich der Schmerz an? Brennend? Pulsierend? Stechend? Dumpf? Kribbelt er? Zieht er?

Kehren Sie immer wieder sanft zu Ihrem Atem zurück.

Hat der Schmerz eine Farbe?

Verändert sich der Schmerz? Und wenn ja, wie?

Öffnen Sie die Augen. Strecken und räkeln Sie sich.

Diese Übung lässt sich an verschiedensten Orten machen, etwa wenn man im Supermarkt in der Schlange steht, im Auto an der Ampel (keine fünf Minuten!), beim Spazierengehen.

Totgelacht und überlebt

Was steht auf dem Grabstein eines Buddhisten?

»Komme gleich wieder.«

Schmerz ist mein Weggefährte. Als Sterbebegleiter in einem Hospiz erlebe ich, welchen Raum Schmerzen einnehmen können und wie elementar wichtig Schmerzmanagement ist. Die meisten Menschen haben mehr Angst vor einem schmerzvollen Sterben als vor dem Tod. Mit Morphin per Pflaster und Schmerzpumpe lässt sich viel erreichen, aber nicht alles. Opiate wirken bei Menschen unterschiedlich, die einen fühlen deutliche Schmerzlinderung, bei anderen wirken sie kaum. Dies hat etwas mit den Schmerzrezeptoren zu tun, an die Opiate andocken oder eben nicht. Doch Schmerzen sind nicht nur physischer, sondern auch seelischer Natur.

Damit habe ich selbst einige Erfahrung. Als Schmerzpatient setze ich mich seit über zwei Jahrzehnten mit chronischen Muskel- und Gelenkschmerzen auseinander, deren Ursache auf Röntgenbildern und MRT nicht zu finden sind. Ich habe zahlreiche Therapien hinter mir, mit dutzenden Ärzten gesprochen und fast genauso viele Diagnosen gesammelt, die sich teilweise widersprechen. Es ist das Los der meisten Schmerzpatienten mit chronischem Leiden. Als chronisch gelten Schmerzen, die länger als drei Monate andauern und sich zu einer eigenen Krankheit entwickeln. Es bildet sich ein Schmerzgedächtnis, das schon bei Reizen feuert, die ansonsten kaum oder gar keinen Schmerz auslösen würden. Da sogar starke Medikamente wie Opiate dieses Gedächtnis nur begrenzt überschreiben, wurde die multimodale Schmerztherapie entwickelt. Sie berücksichtigt den körperlichen, sozialen und psychischen Bereich des Lebens. Es geht nicht nur um Medikamente und Operationen für den Körper, sondern auch um Therapien für die Psyche und Strategien für die sozialen Verhältnisse des Patienten.

Untersuchungen zeigen, dass Achtsamkeit und die Pflege einer humorvollen Lebenseinstellung den Umgang mit Schmerzen positiv beeinflussen, seien sie physischer oder psychischer Art. Dies ist auch meine Erfahrung und ich bin froh, dass diese Ressourcen existieren.

Manchmal hilft etwas Unsinn: »Akuter Scherz ist ein zeitlich limitierter Scherz, der als Reaktion auf Scherzentstehung und Scherzweiterleitung wahrgenommen wird. Chronischer Scherz ist ein zeitlich länger andauernder Scherz, wobei der genaue Zeitrahmen unterschiedlich definiert wurde, typischerweise drei bis zwölf Monate. Daraus kann sich eine chronische Scherzkrankheit (eigener Krankheitswert) entwickeln. Diese Scherzkrankheit ist neben den organischen auch durch die daraus folgenden psychosozialen Veränderungen definiert, die in die integrative Scherzbehandlung einfließen müssen (frei nach: Wikipedia).«

Buddhas Gleichnis über den Krieger drückt aus, was die Schmerztherapie unterstreicht: Es gibt Schmerz – und die Art und Weise, wie ich damit umgehe. Bei chronischen Schmerzen bedeutet dies konkret, sich darin zu üben, den Widerstand aufzugeben und Frieden mit seinem Schmerz zu schließen. Das ist keine Aufforderung, sich als hilfloses Opfer zu sehen und Schmerzen passiv hinzunehmen. Im Gegenteil: Nimmt man Schmerzen an, entsteht eine neue Freiheit, den Alltag an den Schmerz anzupassen. Doch Humor und Gewahrwerden vertreiben Schmerzen nicht zwangsläufig. Das zu akzeptieren, ist schwierig und unter Umständen langwierig. Aber dadurch verändert sich die Art, Schmerzen wahrzunehmen. Die Fixierung auf Leid und Angst lockert sich und so ist ein Perspektivenwechsel möglich.

Bei der Ausbildung zum Sterbebegleiter lernten wir, dass es ungemein hilft, im Moment zu verweilen und die eigenen Konzepte und Vorstellungen loslassen zu können. Dies ist auch bei Schmerzen eine große Hilfe. Buddha unterscheidet im Pfeil-Gleichnis zwischen Schmerz und dem Leiden, das daraus resultiert. Gegen den Schmerz kann man erst einmal wenig tun, insbesondere bei chronischen Beschwerden hilft keine Tablette. Doch Leiden ist nicht das Gleiche wie Schmerz. Leiden entsteht, wenn das Leben um den Schmerz kreist, wenn man grübelt und Angst hat, ihm nie wieder zu entkommen. Die Folge sind weitere muskuläre Verspannungen und Durchblutungsstörungen, die den Schmerz aufrechterhalten oder verstärken. Dagegen hilft, aus der Gedankenwelt in den Moment zurückzukehren und etwas mehr spielerische Leichtigkeit in das Leben zu holen.

Man wird gelassener, kann die Welt humorvoller betrachten und mitfühlender mit sich und anderen umgehen. Die Frage: »Was geht alles nicht mehr?« verändert sich zu der Frage: »Was ist mir alles noch möglich?«

Sai Ong verliert ein Pferd. Wer weiß, ob es kein Segen ist?

Sai Ong war ein geschickter Pferdezüchter, doch eines Tages lief sein schönstes Pferd davon. Alle Nachbarn bedauerten Sai Ong und beklagten den Verlust. Nur Sai Ongs Vater sagte: «Unglück, wer weiß?«

Nach einigen Tagen kehrte Sai Ongs Pferd zurück und mit ihm kamen einige Wildpferde. Die Nachbarn beglückwünschten Sai Ong. Sein Vater aber sagte: »Glück, wer weiß?« Als sein Sohn eines der Wildpferde zähmen wollte, wurde er abgeworfen und brach sich ein Bein. Wieder klagten die Nachbarn und sprachen von einem großen Unglück. Der alte Bauer aber sagte »Unglück, wer weiß?«

Kurz darauf kamen die Soldaten des Kaisers, um junge Männer für den Krieg zu rekrutieren. Da Sai Ongs Bein gebrochen war, taugte er nicht für den Krieg und konnte daheim bleiben.

Die Nachbarn beglückwünschten Sai Ong und seinen Vater. Dieser aber sagte: »Glück, wer weiß?«

Wie Lachen das Immunsystem stärken und Schmerzen lindern kann, zeigt die wundersame Geschichte des amerikanischen Journalisten Norman Cousins, der Anfang der Siebziger Jahre an einer schweren Form von Morbus Bechterew erkrankt war. Ärzte eröffneten ihm, dass er wahrscheinlich daran sterben werde und ihm nur mit Schmerzmitteln geholfen werden könne, auch das nur begrenzt. Norman Cousins verfiel in tiefe Depression. Doch statt aufzugeben, kam er auf eine Idee: Wenn ich schon sterben muss, dann möchte ich mich wenigstens totlachen!

Er entließ sich aus dem Krankenhaus, zog in ein Hotel und bat seine Freunde, ihn mit Witzen oder etwas anderem Lustigen zu besuchen. Trotz heftigster Schmerzen versuchte er, sich mit Cartoons und lustigen Büchern abzulenken, schaute Filme mit Laurel und Hardy, Charlie Chaplin, den Marx Brothers. Schon nach kurzer Zeit stellte Cousins fest, dass seine Schmerzen nachließen, wenn er etwa zehn Minuten lang intensiv gelacht hatte. Außerdem konnte er danach mindestens zwei Stunden problemlos schlafen. Tests bestätigten diese subjektive Erfahrung: In seinem Blut wurde ein Anstieg schmerzstillender und entzündungshemmender Hormone diagnostiziert.

Norman Cousins lebte 26 Jahre weiter und starb 1990 an Herzversagen. Man kann sagen, er hat sich krankgelacht und wurde dadurch gesund, hat sich totgelacht und überlebte.

Was war geschehen? Der Journalist hatte zum einen den Widerstand gegen seine Krankheit aufgegeben und versucht, die Schmerzen zu akzeptieren. Dafür tauschte er Krankheit und Sterben für einige Momente gegen Humor und Lachen ein. Er führte einen radikalen Perspektivenwechsel durch, von einer leidenden, depressiven Einstellung hin zu Lachen, Freude und Humor. Dies verschaffte ihm Entspannung und neue Freiheit.

Natürlich kann es sein, dass er eine Spontanheilung erlebte, wie sie immer wieder vorkommt. Aber einiges deutet darauf hin, dass ihm Humor und Lachen bei der Genesung geholfen haben.

Was in solchen Fällen vor sich geht, untersucht die Psychoimmunologie, die sich damit befasst, wie sich Immunsystem, Nervensystem und Psyche gegenseitig beeinflussen. Dazu wurde folgendes Experiment entwickelt: Versuchspersonen halten ihre Hand in eiskaltes Wasser und es wird gemessen, wie lange sie dies aushalten können. Danach werden die Probanden in zwei Gruppen geteilt. Die eine Hälfte darf durch lustige Filme herzhaft lachen. Die andere sieht traurige und beängstigende Filme an. Danach halten die Teilnehmer beider Gruppen wieder die Hand in das Eiswasser. Das Ergebnis ist verblüffend: Die Kandidaten in der lachenden Gruppe sind weniger schmerzempfindlich. Sie ertragen den gleichen Schmerzreiz im Eiswasser fünfmal länger.

Man vermutet, dass die Erhöhung der Schmerztoleranz durch Lachen zwei Gründe hat: Zum einen führt das Lacherlebnis zu Ablenkung, zum anderen zu einer vermehrten Ausschüttung der körpereigenen Glückshormone Endorphine, Dopamin, Serotonin. Dadurch wird der Schmerzreiz verzögert weitergeleitet. Doch gilt es, die Erwartungen herunterzuschrauben: Der Anstieg der Glückshormone geschieht nur, wenn man mindestens zehn bis fünfzehn Minuten herzhaft lacht.

Doch auch kürzere Lachsalven und eine humorvolle Einstellung besitzen eine Wirkung gegen Schmerzen. Neben den zahlreichen positiven Effekten, die bereits ausführlich besprochen wurden, hilft es besonders, durch einen spielerischen Perspektivenwechsel eine geistige Verteidigungswaffe gegen den Schmerz aufzubauen. Dies bedeutet, sich von Augenblick zu Augenblick zu tasten und weniger über Zukunft und Vergangenheit nachzugrübeln. So werden dem Schmerz die Spitzen genommen, die aus der panischen Furcht entstehen, er könne nie wieder verschwinden. Dies kann man nicht definitiv wissen, doch es erscheint oftmals so. Bei leichteren, aber andauernden chronischen Schmerzen lässt sich der Schmerz als Freund einladen, den man symbolisch neben sich setzen, ihn freundlich begrüßen und fragen kann, wie es ihm so geht. Mit dieser paradoxen, durchaus komischen Intervention entspannen sich die Muskeln, der Schmerz wird nicht mehr ausschließlich als feindlich angesehen. Mittlerweile versuche ich, den Schmerz nicht mehr zu bekämpfen, sondern ihn zu integrieren. Ich werde vielleicht nie wieder schmerzfrei, dafür aber freier im Schmerz sein. Durch wachsames und neutrales Betrachten verliert der Schmerz an Bedrohlichkeit. Anstatt ihn zu ignorieren, erforsche ich ihn neugierig.

Wie wir im letzten Kapitel feststellten, ist die Fähigkeit, dankbar sein zu können, die Wurzel der Freude. Auch im Leid etwas Positives zu sehen, ist eine große Herausforderung, aber eine wirksame Möglichkeit, Schmerz zu begegnen. Letztlich geht es um etwas Essentielles: Den Blick nicht nur auf das zu richten, was fehlt, sondern auf alles, was bereits da ist.

Nasreddin Hodscha, der berühmte Narr im Islam, steht an einem Fluss. Da hört er, wie ihm von der anderen Seite jemand zuruft: »Wie komme ich zur anderen Seite?«

Nasreddin ruft zurück: »Du bist schon auf der anderen Seite.«

Wer weiß, was einem erspart wird, wenn man bleibt, wo man ist. Ein besonders wirkungsvoller Humor- und Achtsamkeitskiller ist der Hang zur Perfektion. Viele wollen immer nur das Beste, das Schönste, Schnellste, Günstigste. Wir leben in einer Gesellschaft, in der Leistung hoch bewertet wird. Vielleicht schafft man es in jüngeren Jahren irgendwie mitzuhalten. Doch wenn man älter wird, wenn die Baustellen am Körper zunehmen, kann dies sehr anstrengend sein, so sehr, dass Depression oder Burnout drohen und damit Schmerzen. Man spricht hier von somatisierten Schmerzen, die sich körperlich zeigen. Um dem entgegenzuwirken, hilft es, den Blick wieder auf naheliegende Dinge zu richten, sich auf die vielen kleinen Leistungen zu besinnen, die man tagtäglich zustande bringt. Die meisten Menschen ignorieren sie, weil sie nebenher und ganz selbstverständlich geschehen. Erst wenn eine Krankheit und ein Unfall ins Leben treten, also ein »Schicksalsschlag«, nehmen wir oft das alltägliche Gute wahr.

Im Hospiz erlebe ich, dass es nicht um Karriere geht oder das große Auto. Ein Bewohner berichtete mir verzweifelt weinend, er habe sich vor einem halben Jahr einen nagelneuen Mercedes geleistet. Und dann diagnostizierte sein Arzt weit fortgeschrittenen Pankreaskrebs. Dem Mann fehlte die Kraft, sein Auto zu einem guten Preis zu verkaufen, wollte es aber auch nicht verschleudern.

Es ist interessant, dass der Tod scheinbar immer zur falschen Zeit kommt. Am Lebensende geht es um die scheinbar kleinen Dinge, eine Tasse Kaffee, ein kühlendes Eis, ein schönes Gespräch, Ruhe und Zuwendung. Wer es schafft, dafür Dankbarkeit zu entwickeln, wird sich leichter entspannen und mehr Humor entwickeln. Vielleicht sagen Sie jetzt, »Lebensende? Das ist noch weit weg.« Heute erkrankt jeder zweite Mensch an Krebs. Viele Formen sind heilbar, so dass nur jeder vierte daran stirbt. Doch mit der Diagnose tut sich für viele ein tiefes Loch auf. Warum so lange warten? Wäre es nicht viel weiser, sich gleich jetzt fragen, was Sie heute schon alles geleistet haben?

Übung

Nehmen Sie ein Kinderfoto von sich und ein aktuelles Foto. Legen Sie beide nebeneinander.

- Was erleben Sie, wenn Sie beide Bilder ansehen?
- Wie ähneln und unterscheiden sich die beiden Menschen?
- Was ist geblieben, was vergangen, was neu hinzugekommen?

Warum Buddha mit einem Lächeln starb

»Nicht zu bekommen was man will,
ist manchmal ein großer Glücksfall.«

Dalai Lama

Niemand kommt darum herum, sich mit der eigenen Vergänglichkeit auseinanderzusetzen. Die Frage ist, wie? In vorherigen Kapiteln haben wir uns bereits mit den Merkmalen des Daseins beschäftigt: Nicht-Ich, Wandel, *Dukkha*.

Daraus leiten sich die fünf täglichen Betrachtungen ab, die Buddha formulierte:

Fünf tägliche Betrachtungen

1. Ich bin dem Altern unterworfen, ich kann dem Altern nicht entgehen. Altern ist ganz natürlich und gehört zur Natur körperlichen Seins.
2. Ich bin der Krankheit unterworfen, ich kann der Krankheit nicht entgehen. Veränderung, Schwächung, Verfall gehören ebenfalls zur Natur körperlichen Seins.
3. Ich bin dem Tode unterworfen, ich kann dem Tode nicht entgehen. Der Tod kann als Spiegelung des körperlichen Geborenwerdens gesehen werden und ist die Voraussetzung dafür, dass neues Leben sich entfalten kann.
4. Alles, was mein ist und mir lieb, wird sich ändern und vergehen. Deswegen ist es natürlich, dass wir alles Exis-

tierende, dem wir verhaftet sind, auch wieder verlieren müssen.

5. Ich bin der Eigentümer meines Wirkens, geboren aus meinem Wirken, umgeben von meinem Wirken, getragen von meinem Wirken. Wie immer mein Wirken sein wird, dessen Erbe werde ich sein.

Ist das lustig? Wohl kaum. Oder doch? Wie immer ist es eine Frage der Perspektive. Komisch ist auf jeden Fall, dass die meisten Menschen fröhlich in den Tag hineinleben, als gäbe es diese Gegebenheiten gar nicht. Und warum auch nicht? Warum soll man sich mit Krankheit, Vergänglichkeit, Tod belasten, wenn man davon nur schlechte Laune bekommt? Auch als Buddhist lässt sich in der Vorstellung von Leerheit und Nirvana bestens schwelgen, wenn da nicht …

Ein Mönch kommt mit heiterem Lächeln zu seinem Meister: »Meister, ich habe es verstanden: Alles ist leer! Alles ist leer! Alles ist leer!«

Da boxt der Meister den Mönch auf den Arm.

Verblüfft schreit der Mönch vor Schmerz auf.

Der Meister lacht: »Ich dachte, alles ist leer, aber dein Arm ist ja immer noch da.«

Der Arm ist eben ziemlich lange da, glücklicherweise. Buddha rät trotzdem dazu, diese fünf Betrachtungen nicht aus den Augen zu verlieren, da sie ebenso wirklichkeitsnah wie heilsam sind und gegen das Begehren nach Beständigkeit wirken. Sie beinhalten die Erkenntnis, dass niemand Alter, Krankheit und Sterben entgehen kann, wir uns von allem trennen müssen, was uns lieb ist, und die Folgen unserer Handlungen tragen müssen. Und sie beschreiben die grundlegende Wesenheit der Existenz: Nichts hat Bestand. So ist sowohl der menschliche Körper als auch der Geist aufgrund seiner zusammengesetzten Natur vergänglich. Veränderung und Vergänglichkeit sind ein Bestandteil der Wirklichkeit.

Buddha empfahl, wir sollten unsere Befürchtungen und Ängste in unser Bewusstsein integrieren, also nicht unterdrücken und im Unterbewusstsein belassen. Altern, Veränderung, Schwächung, Verfall sind ganz natürlich und gehören zum körperlichen Sein. Da alles, was mein und mir lieb ist, sich ändern und vergehen wird, ist es zudem natürlich, dass wir alles Existierende, dem wir verhaftet sind, auch wieder verlieren müssen. Und wie bereits beschrieben, glauben alle buddhistischen Traditionen, das Ich sei eine Konstruktion des Geistes und die Folge bedingten Entstehens von Ursache und Wirkung. Daraus ergibt sich das Prinzip des Karma, das besagt: Wie immer mein Wirken sein wird, dessen Erbe werde ich sein. Innerhalb des Entstehens und Vergehens unserer Existenz tragen wir die Verantwortung für unser Handeln und sind so in das, was wir tun, durch die Qualität unseres Handelns eingebettet. Damit werden Resultate erzielt, die auf uns selbst und auf andere Wesen eine Wirkung ausüben.

Buddha selbst soll mit einem Lächeln gestorben sein, eins mit dem, was geschah. Er hatte sich den Magen verdorben.

Übung

1. Erinnern Sie sich an ein Ereignis, über das Sie sich erst kürzlich so richtig geärgert haben. Der Nachbar machte Lärm, im Supermarkt ging es nicht voran, jemand drängelte sich vor, Bankmanager bekommen riesige Abfindungen, jemand schnappte Ihnen den Parkplatz weg etc. Wie fühlen Sie sich? Lassen Sie den Zorn zu und nehmen Sie ihn wahr.

2. Nun stellen Sie sich vor, Sie liegen im Bett, vielleicht bei Ihnen zuhause, in einem Krankenhaus, einer Pflegeeinrichtung, im Hospiz. Sie ahnen, dass Sie wahrscheinlich in den nächsten Tagen sterben werden. Sie fühlen sich schwach, können sich nur schwer bewegen, haben Schmerzen.

3. Versuchen Sie nun, sich den Anlass des Ärgers noch einmal vor Augen zu führen. Wie verändert sich das Gefühl? Nehmen Sie es einfach nur wahr.

Vielleicht machen Sie bei dieser Übung die Erfahrung, dass das allermeiste, über das Sie sich ärgern, angesichts Ihres eigenen Sterbens seine Bedeutung verliert. Es kann sich sogar umdrehen: Wenn Sie sich vorstellen, dem Sterben nah zu sein, würden Sie sich vielleicht freuen, dass sich bei Einkaufen jemand vordrängelt. Denn Sie können sich aufregen, das heißt, Sie leben!

8.
Stolpern lernen

»Dem Lachenden ist nichts heilig!«

Um die Clownsenergie zu erfahren, habe ich mir einen besonderen Lehrer auserkoren: Moshe Cohen, Clownslehrer aus San Francisco, der einen buddhistischen Workshop leitet. Er will, so sagt er, sich nicht auf eine Religion festlegen. Zwar sei er gebürtiger Jude, aber eigentlich weder Jude noch Buddhist noch sonst was, sondern Clown. Dies sei aber kein Clownismus. Für die buddhistischen Meditationen, die den Workshop begleiten, hat er sich Verstärkung in Form des Zen-Meisters Heinz-Jürgen Metzger geholt. Aber passt das zusammen? Za-Zen, diese disziplinierte, strenge Meditation, und der Clown als ein Wesen, das auf spielerische, alberne Weise seine Gefühle auslebt?

Ich forsche mit etwa einem Dutzend weiteren Spaßbesessenen nach dem äußeren und inneren Clown auf dem buddhistischen Weg. Hochmotiviert warte ich auf die Belehrungen unseres Meisters. Wie bei Workshops üblich, dürfen wir uns vorstellen. Begeistert schwärme ich von Clowns und Narren, von der wunderbaren Möglichkeit, Verwirrung zu stiften und dabei das Denken zu beobachten. Mein Meister hört gelangweilt zu, lächelt nichtsagend, als hätte ich das kleine Einmaleins heruntergeleiert. Und die nächste Enttäuschung lässt nicht lange auf sich warten. Mein Meister verkündet: »Ihr braucht keine rote Nase!«

Wie jetzt? Keine rote Nase? Jeder Clown braucht eine rote Nase! Sie ist sein Requisit, um vom Alltagsmodus in den staunenden Clownsmodus zu wechseln. Ohne rote Nase kein Clown!

Doch mein Meister sagt: »Ihr habt sie schon im Bauch!«

Aus, fertig. Wie ernüchternd, ich kann keine rote Nase in meinem Bauch entdecken, höchstens ich schlucke eine runter. Gibt es da nicht ein Sprichwort? Du hast wohl einen Clown verschluckt! Doch damit ist eher gemeint, dass sich jemand zu albern benimmt. Doch ich will eine rote Nase auf der Nase!

So geht es also zu auf einem zen-buddhistischen Clownsworkshop. Erwartungen müssen erst mal zermalmt werden.

Nach dem Motto: Wenn ihr nur ahnen würdet, dass eure vertrauten Konzepte, Gefühle und Gegenstände nur als Traum existieren, würdet ihr einen größeren Sinn für Humor entwickeln.

Interview mit Moshe Cohen und Heinz-Jürgen Metzger

Hast du ein Beispiel, wie du Humor einsetzt?

Moshe Cohen: Ich saß im Zug, als ein Mann zu telefonieren begann. Ziemlich laut. Und er hörte nicht auf. Daraufhin habe ich mein Handy rausgeholt und habe so getan, als würde ich telefonieren. Ich versuchte, noch lauter zu sein als er. Daraufhin sprach der Mann lauter. Und ich auch. Wir versuchten, uns zu überbieten. So laut, dass es durch den ganzen Waggon zu hören war.

Moshe Cohen, alias Mr. Yoowho, lebt in San Francisco. Neben seinen Workshops tritt er als Clown bei Festivals, in Schulen, Gefängnissen, Theatern und Kabaretts auf. Als Mitglied der humanitären Organisation »Clowns ohne Grenzen« reist er in Flüchtlingslager und Krisengebiete.

Gibt es denn im Zen eigentlich keine Dinge, die man wirklich ernst nehmen muss?

Heinz-Jürgen Metzger: Ich glaube, man muss die Dinge ernst nehmen und gleichzeitig nicht ernst nehmen. Wenn ich einen Schmerz habe oder wenn ich überfordert damit bin, dass ich sehe, einen Schmerz zu haben oder dass ich sehe, überfordert zu sein. Und gleichzeitig aber auch wieder in der Lage bin, das zu relativieren und zu sagen: Okay, das ist momentan der Zustand, aber alles verändert sich, also wird auch der Schmerz sich verändern oder ich kann aktiv dazu beitragen. Das heißt also praktisch, die Dinge mit zwei Augen sehen. Mit dem weltlichen Auge und dem Auge, das auch weltlich ist, aber sich nicht nur auf das fixiert, was im Augenblick da ist.

Hast du einen Lieblingswitz?

Heinz-Jürgen Metzger: Nein, aber folgende Geschichte: Im Lotus-Sutra gibt es einen Bodhisattva, der heißt »Niemals verachtend«. Sowas wie ein komischer Heiliger. Jedem, dem er begegnet, sagt er: »Ich werde dich nie verachten, denn auch du wirst eines Tages Buddha werden.« Damit geht er den Leuten so auf den Senkel, dass sie anfangen, Steine nach ihm zu schmeißen. Er rennt davon, dreht sich aber im Fortlaufen immer wieder um und ruft: »Auch dich werde ich nicht verachten. Auch du wirst eines Tages Buddha werden.«

Hat der Mann Humor gehabt? War er bekloppt oder war er auf der tiefsten Ebene ein Buddhist? In dem Lotus-Sutra erzählt Buddha diese Geschichte und sagt: »Das war ich in einem früheren Leben.«

Heinz-Jürgen Metzger ist spiritueller Leiter der BuddhaWeg-Sangha. Er leitet Sesshins im ehemaligen Konzentrationslager Weimar-Buchenwald und führt Straßen-Retreats in verschiedenen deutschen Städten.

Nun sind Clownsübungen angesagt. Der Meister will uns zeigen, wie wir den Clown aus der Stille jenseits Wissen und Denken finden können. Dazu leitet er Butoh-Übungen an, zwingt uns in die Grätsche und ruft: *»And now, humor injection, bring humor in! Smile!«* – »Und nun: Humorinjektion, bringt den Humor ein! Lächelt!« Ja, wie denn? Ich versuche, zu grinsen. Das ist vor allem eines: Anstrengend.

Der Clown, so erklärt unser Meister, baut auf drei Prinzipien auf: Nicht-Wissen, Einheit, Liebe. Alles klar, denke ich. Doch der Verstand, erläutert er weiter, versucht, alles richtig zu machen und meint, mit Vernunft und Klarblick könne man wissen, wie ein guter Clown agiert. Dabei blockiert er das Spüren mit allen Sinnen und Empfindungen. Der Verstand begreift, er ist für das Clownsspiel nicht so hilfreich, doch das heißt noch lange nicht, dass er sich zurückzieht. Er will es richtig machen, nicht zu denken. So beginnt ein Kampf. Im Grunde ein ähnlicher Vorgang wie bei der Meditation.

Also bekommen wir eine Übung: »Stellt euch einen Punkt an der Wand vor. Wenn ihr ihn berührt, seid ihr erleuchtet.«

Jeder von uns sucht sich ein Ziel, bewegt sich langsam oder schnell darauf zu. Ich gehe los. Wie sehe ich aus? Bin ich lustig? Was machen die anderen? Nicht hingucken. Nur ganz kurz. Da ist Doreen, Sachbearbeiterin im Jobcenter. Ganz langsam schleicht sie voran. Toll, denke ich, wie die das hinkriegt. Ich bin viel zu ungeduldig und renne gleich gegen die Wand. Also gemach. Nicht denken, denke ich und ärgere mich, dass ich denke. Was mich noch mehr ärgert. Ich balanciere auf einem Bein, verliere das Gleichgewicht, schwanke, stolpere, kann mich gerade noch mit einer wilden Bewegung retten. Mein Gott, wie dämlich sieht das denn aus? Weiter. Viel zu schnell komme ich an die Wand, habe dort einen Punkt ausgemacht. War das der Weg zur Erleuchtung? Ich weiß nicht. Oder doch? Ich berühre den Punkt und bin erleuchtet!

»Sehr gut«, ruft unser Meister.

Wer stolpert schon gerne? Niemand. Man kann also versuchen, es zu vermeiden – oder es zu einer akrobatischen Kunst zu erheben. Clowns und Narren fallen hin, liegen auf dem Boden, berappeln sich und stehen auf, um wieder hinzufallen – um sich wieder zu erheben. In gewisser Weise sind sowohl Buddhismus als auch Humor Wege, das Stolpern als

Teil des Lebens anzunehmen und das Beste daraus zu machen, beispielsweise wieder aufzustehen. Scheitern müssen wir immer wieder, das Leben ist nun mal *Dukkha*. Der Wunsch, dauerhaft glücklich zu sein, schmerzfrei, gesund, lachend, voller Liebe, Freude und unsterblich sitzt tief, ist aber in der vergänglichen Welt von *Samsara* zum Scheitern verurteilt. Und so lässt sich von Clowns und Narren lernen, dass Versagen Teil des Lebens ist. Wie könnte es anders sein, denn Scheitern birgt die Möglichkeit, von Konzepten loslassen zu können und in dem, was bleibt, das zu finden, was man in seinen zerronnenen Plänen zu finden glaubte. Und für diese Einsicht gilt das Gleiche: Gestolpere.

In jeder Religion finden sich Narren- und Clownsfiguren, die die gewohnte Welt absichtlich oder unabsichtlich mit den spielerischen Mitteln des Witzes auf den Kopf stellen. Sie entfalten Utopien, die den einen erfreuen, andere vor den Kopf stoßen.

Aus den Narren entwickelte sich die Figur des Clowns. Die Übergänge sind fließend, doch lassen sich Unterschiede zwischen Narren und Clowns finden: Der Begriff »Narr« stammt von »spotten« und so liebt es der Narr, übereifrige Bürger, Amtsträger und Hierarchien mit Sprachwitz zu verulken. Der Clown agiert gerne mit dem Körper, bringt die kindliche Seele zum Vorschein, die staunend und spielerisch durch die Welt taumelt. Der Narr wird oft als verrückt tituliert, der Clown als Kindskopf. Auf jeden Fall stiften beide eine gute Portion Verwirrung.

Der tibetische Narr Drugpa Künleg ist eine dieser Narrenfiguren. Er liebte es, zu provozieren und Obrigkeiten auf die Schippe zu nehmen. Gleichzeitig steckte ein Clown in ihm, denn er lebte seine körperlichen Bedürfnisse direkt aus und ohne sich darum zu scheren, was die Leute sagten. Damit verweigerte er sich einem spirituellen Materialismus, bei dem Wahrheitssucher »heiliges« Wissen und Reliquien wie Schätze anhäufen und anbeten.

Manche Narren und Clowns werden als erleuchtete Meister verehrt. Dies allein ist eine Provokation, denn wie könnte jemand erleuchtet sein, der wie Drugpa Künleg auf eine Ikone pinkelt? So respektlos benimmt sich kein Erleuchteter. Oder doch? »Heiliger« oder auch »weiser Narr« ist eigentlich ein Widerspruch in sich, denn Narren und Clowns geben sich alle Mühe, Heiligsprechungen und Weisheiten entgegenzuwirken. Und werden paradoxerweise dafür heiliggesprochen. Widersprüche sind eben ihr Metier.

Übung: Wecken Sie die rote Nase in sich

Stellen Sie sich vor, Sie haben eine rote Nase auf der Nase. Suchen Sie nun dort, wo Sie sich jetzt befinden, nach irgendeinem Gegenstand. Stift, Armbanduhr, Tasse, Glas, Buch, Reader etc.

Betrachten und betasten Sie den Gegenstand, als würden Sie ihn zum ersten Mal entdecken.

Setzen Sie dabei das dritte Auge des Clowns ein: Den Mund öffnen.

Mit leicht geöffnetem Mund tun Sie nichts anderes, als über das zu staunen, was Sie gerade wahrnehmen.

Was geht in Ihnen sogleich vor? Gefühle wie: Nette Idee, aber was bringt das? Ist so was von peinlich. Zeitverschwendung. Hoffentlich sieht mich niemand. Oder: Super. Einfach mal testen.

Wie fühlt sich der Gegenstand an? Welche Farbe, Form hat er? Macht er Geräusche? Riecht er nach etwas? Was können Sie damit noch anderes tun, als das, was Sie gewohnt sind?

Diese Übung zeigt: Ein Clown muss nicht lustig sein. Er darf einfach nur präsent sein, warten, was da kommt, und staunen. Das ist alles.

Wenn Esel singen

»Ich freue mich, wenn es regnet.
Denn wenn ich mich nicht freue, regnet es auch!«

Karl Valentin

Ein hoher Lama eines tibetischen Klosters hat anlässlich einer Zeremonie auf einem goldenen Thron Platz genommen, trägt eine gelbe, gefiederte Krone und eine weinrote Robe mit goldenem Überwurf. Vor ihm sitzen zahlreiche Mönche auf kunstvoll gewebten Teppichen und Kissen, intonieren heilige Mantras, schlagen Trommeln und Zimbeln, blasen in meterlange Trompeten und schwenken voller Inbrunst vergoldete Donnerkeile und Glocken.

Da betritt Drugpa Künleg mit staubiger Kleidung eines Landstreichers den Tempel des tibetischen Klosters. Ohne sich zu verbeugen, wie es eigentlich Sitte ist, platziert er sich in die Mitte des Raumes und legt seine Hand an das Ohr. Die Kongregation wird unruhig, denn Drugpa Künleg ist kein Unbekannter. Der hohe Lama und die Mönche tun so, als würden sie ihn nicht bemerken, und singen weiter. Plötzlich erhebt sich der Narr, geht zu dem Lama und berichtet ihm laut, er habe einen Freund, der ausgezeichnet singen und Mantras rezitieren könne, und fragt, ob er diesen mitbringen dürfe. Der Lama und die Mönche reagieren misstrauisch, aber vielleicht hat sich dieser Nichtsnutz ja endlich besonnen? Also lädt der Lama die beiden ein.

Es dauert nicht lange, da kehrt Drugpa Künleg zurück. Dieses Mal in Begleitung eines Esels, dem er eine gelbe Krone mit Federn aufgesetzt hat, gerade so, wie sie der Lama trägt. Die Mönche bemühen sich, nicht hinzusehen. Drugpa Künleg führt den Esel zu dem Thron des hohen Würdenträgers. Beide, die fast identische Krone auf dem Kopf, blicken sich erstaunt an. Der Lama versucht, sich in Gelassenheit zu üben und intoniert weiter den heiligen Gesang.

Und was macht Drugpa Künleg? Er versetzt dem Esel rhythmische Stöße, so dass dieser im Takt der Musik die Mantras mit lauten I-ah begleitet. Dazu amüsiert er sich köstlich und lacht laut.

Das ist zu viel für die heilige Gesellschaft. Die Mönche sind so empört, dass sie Narr und Esel mit Stöcken aus dem Kloster vertreiben.

Narren und Clowns vollziehen einen akrobatischen Perspektivenwechsel und geben einen Wink: Zwar bin ich von etwas überzeugt, aber das Gegenteil könnte auch wahr sein. Deshalb werden sie auch die »Gegen-Teiler« genannt. Dass dies nicht für jeden nett ist, zeigen Drugpa Künlegs Späße. Wie gesagt, zeichnet sich buddhistischer Humor dadurch aus, dem Spannungsfeld zwischen der Welt der Illusionen und einer unveränderlichen Wirklichkeit komische Seiten abzugewinnen. Er sieht die Welt als eine Anhäufung von Widersprüchen, die durch Perspektivenwechsel entlarvt werden. Der illusionäre Kosmos, den der Geist konstruiert, wird mit einem Lachen dekonstruiert, oft, wie bei Drugpa Künleg, auf derbe Weise.

Dieser soll im 15. und 16. Jahrhundert in Tibet gelebt haben und ist einer der berühmtesten heiligen Narren des tantrischen Buddhismus. Für die einen ist er ein erleuchteter Meister, der versucht, die Menschen mit deftigem Humor wachzurütteln, um sie vor erstarrten Ritualen und Lehrinhalten zu befreien. Für andere ist er ein egomanischer, sexbesessener Nichtsnutz und eine wandelnde Provokation mit lüsternem Geist. Und so lässt sich auch diese Geschichte aus zwei Perspektiven lesen: Drugpa Künleg, der tumbe Narr, der denkt, sein Esel könne singen. Oder Drugpa Künleg, der heilige Narr, der seinen Esel mit den Mönchen »singen« lässt und so ihre Selbstgefälligkeit auf die Schippe nimmt. Trotz unterschiedlicher Lesart bleibt das Ende dasselbe, er wird fast verprügelt und aus dem Kloster gejagt. Ob als einfältiger Narr oder als narrenhafter Lama, er ist auf der weltlichen Ebene gescheitert, doch erhebt er sich wieder und macht weiter.

Drugpa Künleg liebte die Freiheit, Bier, Sex, deftigen Witz und wirkte äußerlich wie ein zerlumpter Bettler, doch innerlich, so glauben die Menschen in Tibet und Buthan noch heute, war er ein Lama und erleuchteter Bodhisattva, der sich um das Glück der Menschen bemühte. Zu seinen Ehren steht in Bhutan ein Kloster und Häuser werden mit Schleifchen geschmückten Phallus-Abbildungen verziert. Dort, wo Drugpa Künleg seine Späße gemacht haben soll, segnen Lamas die Mönche, Nonnen und Besucher mit einem Penis aus Holz.

Um den *Vajrayana*-Buddhismus der Tibeter besser zu verstehen, muss man wissen, dass der ab dem 6. Jahrhundert nach Tibet vorstoßende Buddhismus mit seinen tantrischen Elementen dort auf die schamanistische Bön-Religion traf, die zahlreiche magische Praktiken kennt. In der daraus entstehenden Mischung wimmelt es von Ritualen, Himmeln und Höllen, Göttern, Geistern, Glücksbringern, Unglücksboten, Dämonen und Wundern aller Art. Wie bereits erwähnt, werden im *Vajrayana*-Buddhismus, dem Diamantweg, die Leidenschaften, insbesondere das sexuelle Begehren, nicht als Hindernis für die Befreiung betrachtet, sondern als machtvolle Energien, die richtig genutzt werden möchten. So kann sich Begierde in Weisheit verwandeln. Deshalb war es für die an Dämonen und Götter glaubende, aber recht prüde Gesellschaft der Tibeter so befreiend, dass Drugpa Künleg in den überlieferten Geschichten seine Sexualität auslebt. Dies geschieht, wie in den Erzählungen über ihn betont wird, als Initiation und zum Wohlergehen der Genarrten.

Sogar seiner Mutter machte er das Angebot des Beischlafs. Wie sie reagierte, darüber finden sich unterschiedliche Überlieferungen. In den einen gibt sie dem Ansinnen ihres Sohnes nach, worauf er von ihr ablässt und sie aufgrund ihrer Hingabe die Erleuchtung erlangt. In einer anderen Variante vollzieht er den Geschlechtsakt mit ihr, worauf sie ebenfalls die Erleuchtung erlangt. Dies ist natürlich heute wie damals eine Grenzüberschreitung und ruft Entsetzen hervor. Selbst wenn man dies mit guten Argumenten ablehnt, so lässt sich erkennen, an welchen Konzepten und Beschränkungen das Denken haftet. Es gibt unumstößliche Regeln in einer Gesellschaft, über die sich niemand ungestraft hinwegsetzen darf. Außer man ist ein heiliger Narr. So wird auch berichtet, Drugpa Künleg habe im Dienste einer höheren Wahrheit Tiere getötet, um sie zu verspeisen. Obwohl er Teil einer buddhistischen Gesellschaft war, in der das Verspeisen von Fleisch zwar erlaubt, das Töten aber bis heute dem Gebot des Mitgefühls widerspricht und schlechtes Karma hervorruft. Deshalb lässt man Nicht-Buddhisten, oftmals Hindus, das Geschäft des Tötens von Tieren erledigen. Doch die Legenden fügen hinzu, dass die Tiere, die Drugpa Künleg erlegte, wieder lebendig wurden. Sein Wirken ist also nur zu verstehen, wenn man sich gleichzeitig auf seine Wunder einlassen kann.

Heilige Narren wie er sind im *Theravada*-Buddhismus unbekannt, da es hier mehr als im tantrischen Buddhismus darum geht, sexuelles Begehren und Zorn als hinderlich anzusehen und wegzumeditieren. Drugpa Künleg zeigte jedoch, wie sich solche Emotionen in den Klöstern Tibets einsetzen lassen. Und so trieb er seinen Unsinn in den Klöstern Tibets. Dort regierten bis Mitte des 20. Jahrhunderts Hierarchie und Korruption. Die Frage, welches Kind ein wiedergeborener Lama sei, wurde auch durch Bestechung geklärt. Drugpa lachte über bigotte Mönche, Rinpoches und Lamas, über den Widerspruch zwischen ihrem Anspruch und ihrem Verhalten. Er prangerte Frömmelei und Buchglauben an und schockierte die Gläubigen mit obszönen Taten und Liedern. Festgefahrene Denkmuster wurden radikal infrage gestellt, sein Humor verkleinerte das Übermächtige der Theokraten.

Damit lässt sich behaupten, dass er im Sinne Buddhas handelte, der den Rat gab, die Illusionen des menschlichen Geistes immer wieder zu entlarven, um *Samsara* zu begreifen. Als Narr wusste Drugpa Künleg die Narrenfreiheit auszunutzen, hielt den Menschen einen Spiegel vor und drückte Wahrheiten aus, die andere nicht ansprechen wollten. Dies alles verziehen ihm seine Anhänger, denn er galt als erleuchtet. Eigentlich ist es absurd, dass ausgerechnet er zu einem Volksheiligen wurde. Aber seine Wundertaten bezauberten die Tibeter immer wieder, wie in folgender Geschichte:

In Tibet ist es üblich, neu angefertigte Bildnisse wie Thangkas, Gemälde von Göttern, durch hohe Lamas mit Reiskörnern besprenkeln und damit segnen zu lassen.

So macht sich eine alte Frau auf den Weg, ein prächtiges Bild der Schutzgottheit Heruka weihen zu lassen. Heruka hat vier Gesichter und trägt eine Halskette mit menschlichen Köpfen. Zwölf Arme leuchten in tiefem Blau und umarmen seine Gefährtin Vajravarahi. Die göttliche Umarmung steht für die Vereinigung von Glückseligkeit und Leerheit. Die Frau ist stolz auf ihren Besitz und wandert zu dem Abt eines Klosters, dem Bruder von Drugpa Künleg.

Unterwegs taucht plötzlich Drugpa Künleg auf und fragt höflich: »Warum bist du auf dem Weg zum Kloster? Da oben hockt nur mein Bruder wie ein König mit seiner Dienerschaft.«

Die Frau weiß sehr wohl, was Drugpa Künleg über Klöster und deren Bewohner denkt. Trotzdem hält sie es für klüger, ihm die Wahrheit zu sagen und entrollt vorsichtig ihre Tangka.

»Und so ein Abbild willst du segnen lasen?« ruft Drugpa Künleg.

»Natürlich«, antwortet sie spitz.

Da hebt der Yogi sein Gewand und besprenkelt das kostbare Bild mit dem Strahl seines Urins: »So segnet einer wie ich alle Bildnisse.«

Die Frau erschrickt, dass ihr wunderbares Bildnis nun beschmutzt und entweiht ist. Was soll sie tun? Panisch und vom Ekel ergriffen, eilt sie mit dem vor Urin triefenden Tangka zum Kloster.

Dort angelangt, erzählt sie weinend alles dem Abt. Der lacht laut und sagt, so sei eben sein Bruder. Er bittet die Frau, das Gemälde auszurollen. Die Frau befolgt dies und staunt nicht schlecht, als sie sieht, dass das Innere der Seidenrolle mit schimmerndem Goldstaub bedeckt ist.

»Heruka hat deine Thangka selbst gesegnet. Mich brauchst du nicht mehr für den Segen.«

Die Frau kehrt nach Hause zurück und hängt das Bild an eine Wand ihres Hauses, wo es von den Bewohnern des Dorfes bewundert wird.

Auch hier gibt es zwei Lesarten: Drugpa Künleg als dummer Narr, der mit einer ekelerregenden, anstößigen Handlung die Frau verhöhnt. Oder Drugpa Künleg als heiliger Narr und Lama, der den Stolz der Frau und seines Bruders ironisiert. Und durch seine Handlung sogar etwas in Gold verwandelt, und zwar, so der tibetische Volksglaube, in das Gold der höchsten Wahrheit.

Grenzerfahrungen

»Ertrage die Clowns!«

Joachim Fest

Viele Erwachsene spüren in sich einen kleinen Anarchisten, eine unangepasste Kraft, die herumalbert, trotzig ist, hinknallt, wieder aufsteht und darüber immer wieder staunen kann. Das kann man als den buddhistischen Anfängergeist verstehen, den es immer wieder zu finden gilt, ein Staunen über die Welt, als würde man sie zum ersten Mal entdecken. Durch dieses Sich-Wundern ohne Erinnerung und Erwartungen verlieren Konzepte und Vor-Urteile ihre Macht. Der Narr entwickelt daraus eine diebische Freude, sich hemmungslos über andere lustig zu machen, denn er muss ja nichts verstehen.

Dieses wilde Potenzial ist ein Aspekt des inneren Kindes, eine modellhafte Vorstellung von im Gehirn gespeicherten Gefühlen, Erinnerungen und Erfahrungen aus der Kindheit. Hierzu gehört das gesamte Spektrum intensiver Gefühle wie unbändige Freude, abgrundtiefer Schmerz, Glück und Traurigkeit, Lust und Trotz, Liebe und Zorn, Neugierde und Langeweile, Gefühle von Verlassenheit, Angst oder Wut. Wer als Kleinkind Schmerz oder Traumatisierungen erlebt hat, will sich als Erwachsener davor schützen, den Schmerz noch einmal zu fühlen. Das innere Kind wird abgelehnt, empfindet sich als schlecht oder nicht liebenswert und entwickelt Gefühle von Schuld und Scham. Narr und Clown erlauben es, sich dem inneren Kind zu nähern, Gefühle wieder zu entdecken und spielerisch auszuleben. Sie geben gespeicherten Erfahrungen und Erinnerungen einen Körper und gestatten, was der angepasste Erwachsene nur begrenzt darf: Auf die Scham pfeifen, albern sein, staunen, spielen, stolpern, wundern, Schadenfreude auskosten und sich über das Verhalten anderer lustig machen. Dabei kommen Wut und Aggression ins Spiel, die gerne verdrängt werden. Sie widersprechen eigentlich dem Ideal von Gleichmut, Mitgefühl und liebender Güte, die mancher Buddhist brav erfüllen will. Doch im Spiel lässt sich die Verbindung zum inneren Kind und dessen unliebsamen Gefühlen wieder herstellen. So werden Narren und Clowns zu Heilern, denn diese Verbindung kann eine große Kraftquelle und Ressource sein.

Was diese anarchische Kraft des Anfängergeistes vermag, kann jeder an Kindern erleben. Wenn meiner Tochter im Kleinkindalter etwas nicht passte, brüllte sie los. Es war ihr ziemlich wurscht, was wir als Eltern davon hielten. War sie müde, schlief sie mitten im Spiel ein. Als sie laufen lernte, stolperte sie, knallte mit dem Kopf auf die Steinplatten in der Küche, weinte, stand wieder auf. Hatte sie aus Holzklötzen einen Turm gebaut, wuchs plötzlich wie aus dem Nichts eine Lust, alles wieder zu zerstören. Mit unbändiger Kraft feuerte sie die Bausteine durch den Raum, so dass ich mich erschreckte. Je mehr Krach, desto lustiger. Und sie konnte staunen, dass man nur staunen konnte. Die Welt war neu und für Tränen wenig Zeit, denn da war so viel, was es zu entdecken galt. Als sie zehn Monate alt war, suchten ihre Händchen nach den Apfelschnitzen auf einem Teller. Als der Teller leer war, griff sie sich diesen, drehte ihn um, überprüfte die Rückseite und blickte mich mit großen Augen an, als wollte sie sagen: Warum ist da unten nichts drauf? Ich lachte und freute mich über dieses wunderbare Wesen, das noch nichts von Schwerkraft wusste. Und ich fragte mich: Bin ich im Konzept der Schwerkraft so gefangen, dass ich davon überzeugt bin, auf einem Teller kann unten nichts drauf sein? Wer weiß? Vielleicht liegt ab morgen alles unten oben.

Dies alles ist beglückend, aber auch anstrengend. Kinder fangen an zu spielen, weil es lustig ist, doch wenn sie die Kontrolle über das Spiel verlieren, ist schnell Schluss mit lustig. Sie identifizieren sich völlig mit dem, was sie haben oder loswerden wollen. Kleinkinder handeln sogar gewalttätig, allerdings nicht weil sie berechnend oder rachsüchtig, wie Erwachsene sind. Ein Erwachsener könnte schnell in einer psychiatrischen Ambulanz oder im Knast landen, würde er mutwillig Dinge zerstören oder sich schreiend auf dem Boden werfen. Er würde auf andere gefährlich wirken und es unter Umständen auch sein. Möchte man Clowns und Narren wirklich außerhalb des Zirkus begegnen? Die meisten Menschen wären schockiert. Nicht umsonst mussten Narren im Mittelalter Schellen wie Leprakranke an den Füßen tragen, damit man sich vor ihnen in Sicherheit bringen konnte.

Eine Studie, bei der Kindern Bilder von Zirkusclowns vorgelegt wurden, zeigt, dass stark geschminkte Clowns Angst machen. Spaßmacher im Zirkus sind so angemalt, dass die Mimik kaum zu erkennen ist. Der Gipfel des Dämonischen sind Killerclowns, deren Gesichter zu fratzenhafte Masken mutieren und in Romanen und Filmen ihr rachsüchtiges Unwesen treiben. Ihr Humor wird zum sarkastischen Witz, der andere erniedrigt. Es mangelt ihnen an Empathie, Humor und Freude am gemeinsamen Spiel. Im Gegensatz dazu tragen Klinikclowns, die in Krankenhäusern agieren und hohe Wertschätzung bei Kindern genießen, nur eine rote Nase und sind diskret maskiert.

Ein Narr wie Drugpa Künleg muss viel einstecken können, er wird geschmäht, beschimpft, aus der Gemeinschaft ausgestoßen. Davor haben die meisten Menschen Angst. Doch heilige Narren und Clowns sehen in der Demütigung einen Akt der Demut. Das Ich und Ego darf sterben, um ganz in das Gewahrsein des Augenblickes eintauchen zu können. Der Witz, der Humor, die Schadenfreude werden zu geschickten Mitteln. Und so steckt in dem Satz »Dem Lachenden ist nichts heilig« Wertschätzung, nämlich für das Nichts: »Dem Lachenden ist (das) Nichts heilig.« Ich interpretiere das im Sinne des Konzeptes von *Shunyata*, Leerheit, als Freiheit von Vorstellungen.

Doch den idealen Clown kann man sich nicht backen, dies wäre ein Widerspruch in sich. Clowns, Narren, Kinder treiben ihre Zeitgenossen trotz ihres spielerischen Witzes an Grenzen und darüber hinaus. Eltern wissen von dieser Grenzerfahrung zu berichten. Darin liegt ihre Herausforderung: »Ertrage die Clowns.« Dies heißt auch, ertrage Menschen, die dir wie Clowns vorkommen – und dich selbst im Clownsmodus. Die Gefühle des inneren Kindes dürfen zugelassen werden, es geht darum, sie zu betrachten, ohne sich wie Kinder von ihnen mitreißen zu lassen. Sie halten uns den Spiegel vor und fragen: Musst du das, was du gerade erlebst, wirklich so ernst nehmen?

Übung

Mal wieder stehe ich im Supermarkt an, selbstverständlich an der längsten Schlange, und nichts bewegt sich. Ich habe es eilig und überlege, ob ich meinen Joghurt nicht zurückbringen soll, es dauert einfach zu lange. Ich krame nervös in meiner Tasche. Vielleicht habe ich ja kein Geld dabei, dann hat sich sowieso alles erledigt. Ich suche und finde: meine Clownsnase. Richtig, da war doch was! Perspektivenwechsel. Du kannst alles auch ganz anders sehen. Ich umfasse den weichen Schaumstoff, knete ihn. Staunen. Ach, wie schön, hier zu warten, während es draußen bitterkalt ist. Soll ich es wagen, sie aufzusetzen? Nur mal kurz? In mir kichert etwas. Ich könnte sie aufsetzen und einfach nichts tun, nur warten. Aber dazu fehlt mir der Mut. Ich behalte sie einfach in der Hand, das tut gut.

Für mich ist die Clownsnase eine ständige Begleiterin. Sie meldet sich immer wieder. Wie ein Achtsamkeitsgong.

Besorgen Sie sich eine Clownsnase (im Dekogeschäft oder Internet) und verstauen Sie diese in irgendeiner Tasche, die Sie bei sich tragen. Dann vergessen Sie die Nase. Sie werden sehen, sie taucht immer wieder auf und bietet einen wunderbaren Überraschungseffekt.

Zen – Essen zur Erleuchtung

»Wieviele Glühbirnen braucht es,
um einen Zen-Buddhisten zu wechseln?«

»Mu!«

Geschafft! Der Vormittag war ein voller Erfolg, 108 Niederwerfungen habe ich trotz beißender, brennender Gelenkschmerzen bewältigt. In der Meditation wurde uns die Aufgabe gestellt, eine persönliche Frage zu wählen, wie etwa: »Was ist der Sinn meines Lebens?« Und dazu so lange Antworten zu suchen und zu meditieren, bis der Geist mit »Mu!« reagiert, was so viel heißt wie: »Weiß nicht!«. Dies sei der Name, den der Geist vor dem Denken hat, so erklärt unser Zen-Meister, ein großer, eindrucksvoller Mann mit Vollglatze. Sein massiger Körper ist verhüllt von einem grauen Umhang mit einem schwarzen, latzähnlichen Tuch. Wer will, bekommt einen Klapps mit einem schwarzen Stock, wer einschläft wie ich, bekommt ihn ungefragt.

Wir sitzen im großen Kreis in der Meditationshalle, jeder auf einer braunen Stoffmatte, vor uns eine große, goldene Buddha-Statue. Helfer reichen jedem vier Plastikschälchen, eingewickelt in ein Handtuch, dazu Esslöffel, Essstäbchen und eine Stoffserviette. Warten. Gong. Blitzschnell wickeln hunderte Finger die Schälchen aus dem Handtuch. Geübt stellen die Adepten die Schälchen wie vier Punkte eines Würfels auf das glatt gezogene Handtuch, positionieren den Löffel in das untere rechte Schälchen, den Stiel nach rechts zeigend.

Ich hinke hinterher und wickle umständlich die Schälchen aus dem Stoff. Eine Frau erscheint mit einer Glaskaraffe klaren Wassers. Mein Blick richtet sich nach rechts zu meiner Nebensitzerin. Sie hält ihr unteres, linkes Plastikschälchen unter die Wasserkanne, wobei sie das Gefäß in der rechten Hand trägt und mit der linken Hand ihr zartes Handgelenk stützt. Da edles Schweigen angesagt ist, dreht sie das Schälchen hin und her, bis sie ausreichend Wasser erhalten hat. Sie kippt die klare Flüssigkeit von der unteren in die obere linke Schale und von dort in die obere rechte Schale. Der Zweck ist mir schleierhaft. Vielleicht müssen die Schälchen angefeuchtet werden, damit der Reis nicht kleben bleibt? Jemand reicht Früchte, Joghurt mit Nussmuß, Honig und Reisschleim mit Rosinen. Das sieht lecker aus, ich fühle Hunger. Langsam und achtsam nehme ich etwas Reis, ein bisschen Nussmuß und ein bisschen Reisschleim. Und noch ein bisschen. Und noch…

Jetzt in aller Ruhe, langsam und achtsam jeden Bissen wahrnehmen, so wie ich es auf dem Retreat von Thich Nhat Hanh gelernt habe: Das Weiß der Reiskörnchen, der köstliche Geruch des Honigs, die sämige Konsistenz vom Nussmuß, Geschmack auf der Zunge, am Gaumen, im Schlund. Ein Genuss! Den Bissen hinunterschlucken, dann erst der nächste, sich Zeit lassen, Meditation beim Essen. Wie heißt es so schön: »Wenn ich sitze, dann sitze ich, wenn ich esse, dann esse ich!«

Aber was machen die anderen? Der Zen-Meister zeigt sich im Runterwürgen als ein wahrer Meister. Essstäbchen und Löffel fliegen so schnell vom Schälchen zu seinem Mund und wieder zurück, dass ich nur so staune.

Nach fünf Minuten schlägt die Zeremonienmeisterin, eine sehr streng blickende Frau, zwei Holzstäbe gegeneinander. Es knallt und alle sind fertig. Tja, bis auf mich. Ich habe ja gerade erst angefangen, achtsam zu erschmecken. Mist auch!

Also los, ich lade meinen Löffel voll und schaufle mir den heißen Reisschleim in den Mund, würge, das Zeig bleibt in der Kehle hängen. Ich fühle mich wie eine Stopfgans. Dafür bläht sich mein Magen auf und beginnt zu gluckern. Schon wird heißer Tee ausgeschenkt, der von meiner Nachbarin in das untere blitzblank leer gegessene linke Schälchen geschüttet wird, in dem bei mir noch Reisschleim und Früchte kleben. Die anderen Routinierten haben ihre Schälchen ebenfalls mit Apfelschnitzen blitzblank ausgeputzt, sie sehen aus, als seien sie niemals benutzt worden. Bei mir vermischen sich Tee mit Resten von Joghurt und Reiskörnern zu einer braunen Soße.

Eigentlich sollen vor mir nun drei saubere Behältnisse stehen, die mit dem Handtuch trocken gewischt werden; und einem, dem oberen rechten, in dem noch klares Wasser ist. So ist es scheinbar bei jedem, nur nicht an meinem Platz.

Meine Nachbarin lugt ausdruckslos auf mein Chaos, gießt nun wie die anderen das klare Wasser von oben rechts in das untere linke Schälchen, wobei kein einziges Reiskörnchen mehr zu entdecken ist und trinkt ohne Schlürfen das Wasser aus.

Rette, was zu retten ist. Schnell die dreckigen Schälchen mit dem verklebten Lappen auswischen, ohne dass es jemand merkt. Hoffnungslos. Alles klebt!

Die Hölzer der immer strenger dreinblickenden Zeremonienmeisterin hämmern wieder. Die Ess-Buddhisten wickeln ihre blitzblanken Schälchen in das Handtuch und positionieren das Paket vor sich. Achtundsiebzig Augen starren mich an, glotzen auf meine Hundenäpfe und Löffel, auf das versiffte Handtuch, an dem Reiskörner, Rosinen und Früchte hängen.

Niemand kichert. Totenstille.

Meine Nachbarin zischt: »Trink wenigstens deinen Tee aus! Bitte, damit wir alle aufstehen können!«

Diese trübe, stinkende Brühe? Never ever!

Ich denke an die Schnecke.

Eine Schnecke möchte den Fujiyama besteigen. Sie fragt den Zen-Meister um Rat.

»Geh Schnecke«, antwortet der, »aber geh langsam.«

Die Zeremonienmeisterin lächelt zu mir herüber, erhebt sich, tritt vor den Zen-Meister und die Schüler, verbeugt sich, durchschreitet den langen Weg durch den Raum, vorbei an der meterhohen Statue des grinsenden Buddhas auf mich zu und wiederholt mit vernichtender Freundlichkeit: »Bitte austrinken. Bitte!« Sie repetiert das Wort »bitte« mehrfach.

Noch immer Totenstille im Raum. Ich bin kurz davor, mich zu übergeben und grinse hilflos. Was wollen die von mir?

»Bitte austrinken. Bitte!«

Alle starren mich an, auch der Zen-Meister. Er verzieht keine Miene. Will er mir eine Lehre erteilen? Meinen Widerstand brechen?

Ich kapituliere. Die lauwarme Suppe rinnt durch meinem Mund den Schlund hinunter, in den Magen und ruft einen Brechreiz hervor.

»Dankeschön«. Die Zeremonientusse lächelt siegreich.

Mit einem Rauschen erheben sich alle auf und verlassen die Meditationshalle, ohne mich eines Blick zu würdigen,

Zurück bleiben ich, mein Schlachtfeld und etwas, das erschöpft ist, wütend und verletzt. »Wenn ich kotze, dann kotze ich.«

Ich fühle mich wie damals in der fünften Klasse, als ich im Musikunterricht vor meinen Mitschülern erfolglos versuchte, den Takt zu schlagen. Vom Musiklehrer verspottet, von der Klasse verlacht.

Nichts wie raus hier. Sollen die doch ohne mich ihre beschissene Erleuchtung finden. Das hätte sich Buddha auch nie gefallen lassen, nie und nimmer.

Ich schmeiße meine verklebte Packung ins Schuhregal. Ehe mein Rucksack gepackt ist, steht die Meisterin vor mir und bittet mich ins Büro. Meine Lippen pressen sich gegeneinander, meine Faust ballt sich in der Hosentasche.

Als sei nichts geschehen, flötet sie: »Es ist so wunderbar. Du hast noch so viel zu entdecken.«

»Rituale sind für den Menschen da, nicht umgekehrt. Bei Thich Nhat Hanh ist Essen Meditation und kein Wettrennen«, zische ich.

Milde lächelnd mustert sie mich, und, was noch demütigender ist, drückt mir ein sauberes Spültuch in die Hand: »Bitte die Schälchen noch einmal putzen.«

So stehe ich vor dem Spülbecken. Mein Geist fragt: »Willst du wirklich hier bleiben?« »Mu! Weiß nicht! Mu! Weiß nicht! Keine Ahnung!« Seltsam, das Unwissen beruhigt mich. Im Spülbecken fließt Wasser über Geschirr und Hände, ich fühle das kühlende Nass, das neue Tuch trocknet das Plastik.

Nachmittags sitzen wir wieder in der großen Halle. Und nun geschieht etwas, mit dem ich nie gerechnet hätte. Etwas in mir entspannt sich und denkt: Na und? Das nächste Mal nehme ich eben weniger und esse schneller. Wird das klappen? »Mu!« Vielleicht.

Warum die meisten Zen-Buddhisten ein solches Tempo beim Essen vorlegen, wurde mir später erklärt: Schnell essen solle dem Genuss entgegenwirken und damit der Gefahr des Anhaftens. Geschwindigkeit sei kein Kriterium für achtsames Essen; man könne auch beim schnellen Essen achtsam agieren. Der eigentliche Grund für den Schnellimbiss sei aber, dass es sich in Zen-Klöstern seit Jahrhunderten eingebürgert habe, dass niemand der Schüler vor dem Zen-Meister fertig sein wolle, nach ihm aber auch nicht. Esse der Meister schneller, essen eben alle schneller. Nur wenn die Schüler schneller essen, dann isst der Meister noch schneller. Denn er will schon gar nicht der Letzte sei. Niemand will gerne der

Erste oder Letzte sein. Dies bedeutet aber auch, einen guten Überblick über die Gesamtsituation zu haben, was mit Achtsamkeit zu tun hat.

Überbelichtet

»Der Witz entlarvt die Unzulänglichkeit der Welt, der Humor hilft uns über sie hinweg.«

Ludwig Reiners

Das Üben von Zen ist nicht unbedingt lustig, eher ernst, oftmals streng. Trotzdem ist der Humor eine feste Größe im Zen-Buddhismus. Eine Quelle ist die Tradition der Koans, kurze Rätsel, manchmal in Dialogform, die der Meister seinen Schülern stellt. Über Koans darf der Adept monate- oder jahrelang nachdenken, um irgendwann aufzugeben, denn sie verweigern sich dem intellektuellen Erfassen.

Der Schüler fragt Joshu: »Meister, verfügt auch der Hund über eine Buddha-Natur?«
Joshu: »Mu.«

Dies ist eines der berühmtesten Koans. Welche Antwort gibt es darauf? Viele. Vielleicht ist es gleichgültig, wer oder was über eine Buddha-Natur verfügt. Buddha-Natur ist ein Konzept, so wie es ein Konzept ist, dass Buddha-Natur ein Konzept ist etc. Um die Buddha-Natur zu finden, gilt es, in den Moment einzutauchen und sie jenseits des Denkens zu erleben. Wenn das Denken keine Lösung findet, bleibt manchmal nur, verblüfft zu grinsen, eine Mischung aus Verzweiflung, Hochachtung und Verwirrung. Oder man lacht kräftig, für Zen-Buddhisten ein Zeichen des Durchbrechens zum *Satori*, der Erleuchtung.

Manche Koans sind gar keine. Oder doch?

Frage: »Was ist die Steigerung von erleuchtet?«
Antwort: »Überbelichtet.«

Aus der Form des Koans entwickelt sich die Darstellung paradoxer Situationen und Dialoge. Dabei ist das Verhältnis Lehrer – Schüler ein beliebtes Thema. Braucht es überhaupt einen Lehrer auf dem spirituellen Weg? Wie sehr soll man sich ihm/ihr hingeben? Was soll man tolerieren, was ablehnen? Da es darauf keine verbindlichen Antworten, sondern nur zahlreiche Widersprüche und Befindlichkeiten gibt, sind Koans ein Spielfeld des Komischen. Beliebt sind Geschichten von Meistern, die ungewöhnlich auf die Wünsche ihrer Schüler reagieren, sei es durch rätselhafte Weisheiten, absurde Wortfetzen, Schläge, Lachen oder gar nichts.

Die Dialoge zwischen Schüler und Lehrer sind legendär und oftmals Rätsel, die nicht unbedingt lustig sind, aber trotzdem einen humorvollen Unterton haben.

Ein Zen-Meister sagte zu mir: Tue immer das Gegenteil von dem, was ich sage. Das habe ich dann auch nicht gemacht.

Der Zen-Buddhismus führt seine Entstehung auf ein Lächeln zurück. Eine Legende berichtet davon, wie Buddha am Ende seines Lebens einen Nachfolger bestimmen wollte. Dazu versammelte er Mönche und Nonnen um sich, die ihn all die Jahre treu begleitet hatten. Alle erwarteten eine Ansprache darüber, wer sein Nachfolger werden solle. Doch was machte der Erwachte? Er pflückte eine Blume und erhob sie wortlos. Nahezu alle Mönche waren ratlos, was dies bedeuten solle. Nur einer von ihnen, Kashyapa, zeigte eine besondere Einsicht: Er blickte Buddha an, lächelte. Buddha lächelte zurück. Kashyapas wortlose Antwort war für ihn ein Zeichen, dass dieser verstanden hatte, was er ausdrücken wollte: Die höchste Wahrheit ist im gelassenen Schweigen zu finden, ohne Worte. Und so überreichte er Kashyapa die Blume. Auf dem Sterbebett sagte Buddha allerdings, dass nicht ein Mensch sein Nachfolger sein könne, sondern allein der *Dharma*, die Lehre.

Für Zen-Buddhisten gilt Kashyapa trotzdem als Nachfolger Buddhas und erster Patriarch des Zen-Buddhismus, dessen Übertragungslinie weiter bis zu *Bodhidharma* führt. Dieser trug dazu bei, dass sich im 5. Jahrhundert aus dem Buddhismus in China der Zen-Buddhismus entwickelte. So erzählt uns die Geschichte.

Als Bodhidharma zum Kaiser von China kommt, will dieser ihn prüfen und fragt: »Welche Verdienste habe ich erworben, indem ich zahlreiche Tempel errichten ließ, gute Werke vollbrachte und den Buddhismus gefördert habe?«

Darauf Bodhidharma: »Keine Verdienste.«

Der Kaiser ist verblüfft über diese Auskunft. Kein Untergebener hätte diese Antwort gewagt. Er insistiert weiter: »Was ist der höchste Sinn der heiligen Wahrheit des Buddhismus?«

Darauf Bodhidharma: »Offene Weite – nichts von heilig.«

Der Kaiser ärgert sich: »Wer bist du, der du mir gegenüber stehst?«

Bodhidharma: »Ich weiß es nicht.«

Das ist zu viel für den Monarchen. Wütend schickt er Bodhidharma weg. Dieser zieht sich in eine Höhle zurück, in der er neun Jahre vor einer Wand sitzend meditiert. Irgendwann dämmert es dem Kaiser, dass in Bodhidharmas Antwort eine besondere Weisheit steckt. Er ordnet an, Bodhidharma zurückzuholen, doch dieser zeigt daran kein Interesse.

Ob diese Begegnung je stattgefunden hat, ist fraglich. In China verband sich der Buddhismus mit dem Daoismus. Daraus wurde »Chan«, im Japanischen »Zen«, übersetzt »Versenkung«. Der Dialog drückt aus, was im Zen eine große Rolle spielt: Dem mit gelassener Hingabe zu begegnen, was Menschen zum Heiligtum erklären, seien es Statuen, Bilder, Texte, Reliquen, Menschen, denn die höchste Wirklichkeit lässt sich jenseits der Texte erfahren. Dazu muss der Geist sich öffnen, geschmeidig werden und fließen.

Lehrgespräche und Anekdoten sollen Schüler aus dem Schlaf ihrer Gewohnheiten reißen. Ziel ist es, die Illusion zu entlarven, dass die Dinge unterschieden sind und dass das Ich eine eigene, vom Rest abgegrenzte Existenz besitzt. Witz und Humor dienen der Beobachtung des Geistes und der Feststellung, inwiefern Widersprüche ihn zu Fall bringen.

Wie schnell Gedanken sich verselbstständigen, veranschaulicht folgender Koan:

Der Mönch geht über die Brücke. Unter der Brücke fließt der Fluss.

Der Mönch geht nicht über die Brücke. Unter der Brücke fließt kein Fluss.

Ja, was denn nun? Diese Frage entsteht nur, wenn die ersten beiden Sätze mit den letzten beiden in Verbindung gesetzt werden. Wer sagt, dass es die gleiche Brücke, der gleiche Mönch, der gleiche Moment ist? Der Verstand ist darauf programmiert, Verknüpfungen herzustellen, um ein Ergebnis zu bekommen. Das Bewusstsein stellt Kausalität her und sorgt in diesem Fall für Verwirrung. Niemand behauptet, dass zwischen den Sätzen eine Verbindung besteht. Oder doch?

Für den Zen-Schüler soll sich jegliche Vorstellung auflösen, denn die Wirklichkeit, mit *Shunyata*, Leerheit, beschrieben, ist frei von Bildern. Das kulminiert in dem bereits zitierten Satz: »Wenn du dem Buddha begegnest, töte ihn.« Gemeint ist die Vorstellung von Buddha, nicht die Person. Das Lachen gehört zum Arsenal der Mordwaffen. Das Verlachen und der Spott vieler Zen-Meister, den sie über ihre Schüler ausgießen, sollen letztlich deren Vorstellungen töten. Umgekehrt darf das Lachen auch die Illusion auflösen, es gäbe allwissende Gurus.

Die Form des Dialogs zwischen Schüler und Lehrer erinnert an das Verhältnis von den zwei grundlegenden Clownstypen: dummer August und Weißclown. Der dumme August ist naiv, albern, spielerisch, anarchisch, der Weißclown dagegen wissend, stolz und überheblich. Lachen oder schmunzeln kann man über beide.

Ein Schüler berichtet seinem Lehrer und Meister: »Meine Meditation ist fürchterlich! Entweder bin ich dauernd abgelenkt, meine Beine schmerzen oder ich schlafe ein. Es ist einfach schrecklich.«

»Das geht vorüber«, bemerkt der Meister schlicht.

Eine Woche später sucht der Schüler erneut seinen Lehrer auf: »Meine Meditation ist wunderbar. Ich fühle mich achtsam, friedlich und lebendig. Es ist einfach wundervoll.«

»Das geht vorüber«, bemerkt der Meister schlicht.

»Geht alles vorüber?«, fragt der Schüler.

»Ja«, sagt der Lehrer belustigt, »in der Tat, auch das Vorübergehen geht eines Tages vorüber.«

Alles geht vorüber. Alles? Wie kann das Vorübergehen vorübergehen? Logisch wird darauf keine Antwort zu finden sein. Intuitiv aber schon, durch eine überraschende Sichtweise eines Meisters, der ein weiser Narr ist, durch eine paradoxe Erkenntnis beziehungsweise die Erkenntnis des Paradoxen, die ein Grinsen hervorzaubert.

Die Verehrung von Meistern durch ihre Schüler spielt im Buddhismus wie in allen Religionen eine Rolle, allerdings in unterschiedlichem Maße. Bei den Theravadins geht es selten um Ergebenheit. Hier nehmen die Schüler weder Zuflucht zu einem Meister, noch empfangen sie dessen Segen. Beim Guru-Yoga des tibetischen Buddhismus ist die vertrauensvolle Hingabe an den Lama hingegen von elementarer Bedeutung. Dies kann feudal-aristokratische Züge annehmen, wobei von Adepten betont wird, nicht die Persönlichkeit des Gurus stehe im Vordergrund, sondern seine verwirklichten Qualitäten auf dem Weg zur Befreiung.

Auch im Zen wollen Schüler ihren Lehrer gerne verehren, manche haben besondere Ansprüche:

Zwei Schüler plaudern miteinander.

»Mein Meister geht auf dem Wasser über den Fluss. Vollbringt dein Meister auch solche Wunder?«, fragt der eine den anderen.

Darauf der andere: »Das größte Wunder, das mein Meister vollbringt, ist, keine Wunder zu vollbringen.«

Selbstverständlich werden von einem Meister klare Antworten erwartet. Sonst entsteht die Frage, wie sehr kann man seinem Lehrer trauen?

Ein Mönch fragte Meister Busshin: »Existieren Himmel und Hölle?«

»Nein«, sagte der Meister ohne Zögern.

Ein anderer Mönch war in der Nähe und stellte ihm, erstaunt über seine Antwort, dieselbe Frage. Diesmal sagte der Meister wieder ohne irgendwelches Zögern: »Ja.«

Als ihm der erste Mönch vorwarf, er widerspreche sich, sagte Busshin: »Nun, wenn ich jedem sagte, es gebe keinen Himmel und keine Hölle, woher sollen dann die Almosen kommen?«

Die Reaktion kann ein spontanes Lachen über eine unerwartete Einsicht sein. Laut Sigmund Freud verwandelt sich dabei die Spannung, entstanden durch Ansprüche an sich und andere, in eine Freude der Entspannung.

Zaubern lernen

»Wenn wir nicht in der Hölle genauso viele Freunde haben wie im Himmel, dann sind wir nicht auf dem Mittleren Weg.«

Heinz-Jürgen Metzger

Der Moment der Wahrheit ist gekommen, das Finale des Clownsworkshops. Gestern haben wir in einem Trödelladen bunte Klamotten anprobiert. Nun zwänge ich mich in eine crème- und orangefarbene Kostümjacke, ein hellblaues Hemd, eine braun-karierte, viel zu weite Hose mit Hosenträger und setze einen grünen Hut auf. Unsicher, aber beschwingt, schreiten wir im Gänsemarsch zum Bahnhof. Fünfzehn schrill gekleidete Menschen, der Zen-Meister mit Sombrero, der Clowns-Meister mit buntem Schlips voran: »*Have fun*!«, rufen sie. Es ist so kalt, dass einige von uns, mich eingeschlossen, eine rote Nase bekommen. Also doch eine Clownsnase.

Manche Passanten freuen sich, andere blicken misstrauisch, fühlen sich offenbar gestört. Autofahrer, die vorbeirauschen, starren uns mit offenem Mund an und vergessen, auf die Fahrbahn zu sehen. Verkehrsdurchsage: Clowns auf der Straße, weiträumig umfahren. Interessanterweise lachen uns am herzlichsten die Leute zu, die ich ihrem Aussehen nach für Nicht-Deutsche halte.

Und dann geht es los. In der Innenstadt von Aachen teilen wir uns in Grüppchen. Es ist voll, Menschen hasten an uns vorbei, Babys in Kinderwagen schauen uns mit großen Augen hinterher, aber ihre Eltern haben keine Zeit, zu staunen. Ich ziehe mit Isabella und Cecilie los, die ein rosafarbenes Kleid und einen riesigen Sommerhut tragen beziehungsweise eine Latzhose mit buntem Pulli und Sonnenbrille. In einem Park sitzen Menschen in der wärmenden Sonne, machen Mittagspause, flanieren. In der großen Gruppe war es einfacher, nun aber sind wir den Blicken direkt ausgesetzt.

Außer drei bunten Tüchern, die jeder mit sich trägt, haben wir nichts dabei. Ich fühle deutlich, was es heißt, sich in Gedanken zu verlieren. Panik steigt auf. Das Gehirn beginnt zu rattern: Was machst du hier? Was denken die Leute? Ist das peinlich, ich beginne, mich zu schämen. Glücklicherweise habe ich Mitstreiterinnen und es scheint ihnen ähnlich zu gehen. Unsicher fragen wir: »Wohin? Was hat unser Meister gesagt?« Und erinnern uns: »Versuche nicht, jemand zu sein. Einfach sein, einfach da sein, präsent sein.« Das sagt sich so leicht.

Wir wagen uns zu einem Brunnen mit lebensgroßen Märchenfiguren. Ein Vater mit seinem kleinen Sohn lacht uns an, der Kleine sucht unbeeindruckt weiter nach Steinen auf dem Boden. Kinder können so grausam sein. Also die Tücher in Rot, Grün und Blau herausgeholt, in der Faust versteckt. Eines nach dem anderen kommt heraus. Bewundern, als würden wir es zum ersten Mal sehen. Es ist das einzige Kunststück, das wir gelernt haben. Ich denke an unseren Meister: »Nicht spielen, tun.« Also versuche ich, den Anfängergeist zu mobilisieren und über das blaue Seidentuch zu staunen, das aus meiner Hand kommt.

Und wirklich, nun bleiben Kinder stehen und rufen: »Guck mal, die zaubern.«

Das tun wir zwar nicht, oder vielleicht doch? Jeder von uns macht nichts anderes, als drei Tücher aus der Faust zu ziehen, sie in die Luft zu werfen und verwundert zu verfolgen, wie sie zu Boden schweben. Große Kinderaugen beobachten uns. Sogar die Mütter blicken verzaubert. Jetzt macht es mir Spaß.

Und schon ist es wieder vorbei, Mütter, Väter und Kinder ziehen lachend weiter.

Motiviert krame ich eine Seifenblasendose heraus und forme eine wunderschöne, blau schillernde Seifenblase. Riesig steigt sie zum Himmel. Stolz und Freude erfasst mich. Aber kein Schwein und keine Kuh und kein Lama schauen zu. Nicht nachdenken. Wir ziehen weiter, positionieren uns neben dem Dom, wieder die Tücher raus, einige Passanten bleiben stehen, andere ziehen vorüber.

Geschafft! Mu(h)!

ENDE

Dank

Für Unterstützung, für wertvolle Anregungen und Inspiration, intensive Gespräche und Kritik, gilt mein besonderer Dank: Katja Uhlenbrok, Susanne Labitzke, Lisa Freund, Friederike Klotz, Franz Johannes Litsch, Peter Gäng. Gewiss wäre das Buch ohne sie nicht zustande gekommen.